台灣民俗與信仰

Folk Religion and Culture in Taiwan

卓克華◎著

國家圖書館出版品預行編目資料

台灣民俗與信仰 / 卓克華著. -- 初版. -- 新
北市：揚智文化, 2018.12
面； 公分

ISBN 978-986-298-305-8（平裝）

1.民俗 2.民間信仰 3.臺灣文化

538.833 107019981

台灣民俗與信仰

作　　者 / 卓克華
出 版 者 / 揚智文化事業股份有限公司
發 行 人 / 葉忠賢
總 編 輯 / 閻富萍
執 行 編 輯 / 謝依均
地　　址 / 22204 新北市深坑區北深路三段 260 號 8 樓
電　　話 / 02-8662-6826
傳　　真 / 02-2664-7633
網　　址 / http://www.ycrc.com.tw
E-mail / service@ycrc.com.tw
I S B N / 978-986-298-305-8
初版一刷 / 2018 年 12 月
定　　價 / 新台幣 250 元

謹以本書敬獻給一位亦師
亦友的好同事——

　　陳進傳教授

恭賀他榮退紀念

「宗教與時代叢書」總序

　　「宗教」是什麼？關於宗教的定義，學者眾說紛紜，從信仰者、觀察者、研究者的不同角度或角色、領域，都表達不同的定義。我個人較偏重從實踐角度看，宗教是由對神秘的超人間力量的信念所激發，以之為核心，又與之相適應的情感體驗、思想觀念、行為活動，和組織制度的社會體系，這當然是側重人類社會生活的，因此吾友楊恭熙牙醫師（故台大楊雲萍教授之子）簡潔俐落、精簡扼要的說宗教是「解決人類生之困頓，死之安頓」最深得我心。宗教存在的意義與作用，構建在解決兩個世界的問題，一個是現實世界，一是超現實世界的彼岸。在現實世界中，人所遭受的種種不幸和苦難，或給予滿足，或給予解脫。生之前的我是誰？在何處？以及死之後何去何從？是否會解脫？因果報應？或輪迴？等等疑問莫不困擾全世界各社會階層的人。

　　也因此，不能解決人類古今生死大問題的宗教，個人認為是不必存在的，也不必研究的。同理，宗教又具有強烈的時代性，人類社會每一時代都有其新問題、新困擾，宗教必須與時俱進，提出不同的論述與解決方法，否則極易衰落消歇。而每一時代總會出現許多新興宗教和教派，其目的正是要解決新的社會問題。

　　這套叢書的編輯出版正是基於此種目的，編輯體例有四：(一)為適應現代人忙碌生活，方便閱讀，以輕、薄、短、小形式出版，因此字數限定在五至十萬字左右。(二)為顧及讀者閱讀習慣，不收純學術著作，更希望是通俗性的、具有可讀性，但內容要言之有物，信實可徵，不是宣教著述。(三)古今兼收，不管是研究古代的或現實的，其中當然以現實的、時代的著述為優先考慮。(四)本叢書的「宗教」定義是廣義的，因此含括民俗，因台灣民間宗教與民俗分不開，宗教落實於日常生活，民俗體現宗教意涵。

　　本叢書不以主編個人熟悉的朋友、學界為限，有志者若有相關稿件，盍興乎來，共襄盛事，十方來，十方去，共成十方事，可逕予聯絡揚智出版社編輯部，或本人任教之佛光大學！

佛光大學宗教所與歷史系合聘教授

卓克華

于三書樓

推崇・肯定

──卓教授對「宗教知識常識化」的用心

　　克華學兄又出書了，對讀者來說，是一項福音。對我而言，打從內心底由衷敬佩！

　　一則，他年紀雖輕，已經是不折不扣的「老教授」了；早就可以頤養天年，過輕鬆愜意的生活。而他卻不圖此，相反地，自我要求甚嚴，不斷的積累、突破既有學術，而常有新的研究、作品問世。

　　二則，他早在十幾年前，就沒有升等壓力，本來就可以從容教學就好。然而，他卻選擇一條寂寞的道路，孜孜不倦的筆耕。這種行徑，堪稱志於研究者的楷模，也是華人宗教學術界的典範。

　　不僅如此，他這本《台灣民俗與信仰》，用深入淺出的筆觸，書寫艱澀難懂的宗教知識，讓讀者讀來，異常輕鬆自在。這種「口語化」、「簡潔化」的書寫，並非一般搞研究的教授專長。但是對卓老師而言，他的快筆，易如「桌上摘柑」的迅速，才會見今天的佳作付梓！

　　在此，給讀者一個小小的建議：或許您可以把本小書當作床頭書，睡前任意翻閱讀某一篇章，作為「安眠

劑」。也可以系統性的將它分爲「飲食」、「節慶」、「神譜」、「季節」等單元,再逐一單元閱讀。這兩種閱讀方式,應該皆會有意想不到的心得及不同的收穫!

近年來,我在台北市府擔任宗教諮詢顧問,積極推動「宗教知識常識化」的工作。希望將難懂的華人宗教知識,一如科學知識般的推廣。這種吃力不討好的「宗普」工作,如果能夠持續不斷,將有利於台灣人民人文品味的提升。

因此,當我先睹爲快克華兄出版這本新書,我內心澎湃不已,眞是所謂「英雄所見略同」。他的作爲,彷彿是我的身影延伸。他的新著,像是我書寫《宗教GPS》及《台灣宗教GPS2》系列套書的延續。

又眞如所謂「德不孤,必有鄰」,我與他皆有對宗教知識普及化的十足熱忱。這種英雄相疼惜的情懷,可委請天、地衆神明共鑑。我相信,克華學兄絕不僅僅止於此,而是不斷精進書寫,直到寫不動爲止。

而在此當下,當克華向我索「序」,我二話不說、立即答應。除了友誼外,也「推崇‧肯定」他的這本小書。我左思右想用這兩個概念爲他書寫「推薦序」,即「肯定」他的學術底蘊,「推崇」他的用心!當然,也祝賀這本小品,能夠在海內、外書店熱銷!

在我內心,更願意用愼重、歡喜的心情,推薦本小品給本地有緣的蒼生!而且,我深深相信,卓老師推動宗教

知識普及化的心靈，已經和我的「宗普」初衷相通，且在
現在及未來皆緊緊相連！

真理大學教授

張家麟

「雅俗共賞」的民俗小百科
——喜讀卓克華教授新著《台灣民俗與信仰》

　　卓克華教授大作《台灣民俗與信仰》出版在即，邀我作序，得以先睹為快，贅語數句。

　　本書原為數年前卓教授應宜蘭五結傳藝中心《傳藝》雙月刊邀稿，刊登在〈古今民俗縱橫談〉專欄，以《農民曆》的節氣、民俗為核心，卓教授有序地拈出民俗文化與宗教文化的內涵。較之卓教授過去的著作《從寺廟發現歷史》、《從古蹟發現歷史——卷一家族與人物》、《寺廟與台灣開發史》、《古蹟‧歷史‧金門人》、《清代台灣行郊研究》、《台灣舊慣生活的飲食文化》、《台灣古蹟探源》、《竹塹媽祖與寺廟》、《民間文書與媽祖廟之研究》等具高度學術意義的著作，本書兼具通俗性與可讀性，可謂雅俗共賞。

　　本書雖小，卻涵蓋二十一個主題（不含附錄）。內容有台灣宗教信仰與文化、飲食文化及婚喪喜慶文化等，可說是一部概觀台灣宗教與民俗的文化小百科。從文章的內容來看，很符合卓教授念茲在茲的「宗教落實於日常生活，民俗體現宗教意涵」。我個人十分贊同卓教授的主張，信仰沒有高下，宗教貴在實踐。

　　研究台灣民俗信仰文化的學者不少，但是觸角能如此深入者並不多見，蓋從事古代歷史文化研究的學者大多以爬梳文獻爲第一要務，而以清代歷史文化見長的卓教授，不僅田調身體力行，更常與包括李乾朗在內的諸多知名建築師及建築師事務所合作古蹟調查、規劃與修護之研究。因此不同於文獻學者的研究，擁有豐富的民俗信仰文化親身的體驗，下筆方能深入淺出，信手拈來。

　　雖然卓教授強調「不收純學術著作」，但本書旁徵博引，言之有物，從書後的參考資料即可窺知一二。文末的附錄最後畫龍點睛地以〈台灣寺廟對地方的貢獻〉爲題，將台灣宗教信仰文化，以先民篳路藍縷開發台灣的角度切入，近四百年台灣的開發史與宗教民俗的關係躍然紙上，搭配全文閱讀，更有效地掌握民俗與宗教文化的脈絡。

　　卓教授大作出版之際，聊綴數語，一表祝賀，一表讚歎，是爲序。

闞正宗

2018年10月25日於淡水

目　錄

送子張仙
與
註生娘娘

農曆十一月的神明生有：十一月初一溫府千歲聖誕；十一月十一日太乙救苦天尊聖誕；十一月十五日無極老母娘聖誕；十一月十七日阿彌陀佛佛誕；十一月十九日九蓮菩薩佛誕；十一月廿三日張仙大帝聖誕。

農曆十、十一、十二月，干支屬亥、子、丑三個月。亥月氣候開始轉寒冷，進入冬季；到了子月更為寒凍，大地一片冰雪，人畜伏藏抖縮，不僅動物冬眠，人們也躲在家中，非有要事很少出門，各種活動都暫時停歇，這也是為什麼這個月份，神明聖誕特別少的原因，諸神聖誕配合人間世，也大多伏藏退休，這是個諸神退藏的季節。

十一月廿三日為張仙大帝聖誕，據說張仙大帝為關帝聖君的從神，隸屬文昌左宮，有七十二化身，誥封九天輔元開化靈應張仙大帝，又稱七曲毓聖天尊（也有將二個封

號合稱），職掌送子，專司保護閨房產難。《螢窗異草》一書描述祂的形象及職掌：「人之艱於嗣者，多繪張仙以奉之，以其能衛厥子孫也。其像爲美丈夫，錦袍角帶，廣頤豐髭，左挾彈，右攝丸，飄飄乎有霞舉之勢，仰視雲中，一犬叫嗥而去，蓋即俗所謂天狗也。」可見祂是一位英俊的翩翩美男子。

張仙是何來歷呢？傳說有二：一是眉山人張遠霄，一是五代十國之後蜀皇帝孟昶。據說宋人蘇老泉曾向張仙祈禱生子，果然生下兩位名傳千里的大文學家蘇軾（東坡）、蘇轍，遂寫下〈張仙贊〉以感謝神尊。文章中說道：「張仙名遠霄，眉山人，五代時遊四川青城山得道。」在《續文獻通考》一書中又記載，謂張遠霄（一作宵）爲眉山人，曾遇四目老人傳授弓彈，稱可以避疫，並傳下度世法術。明代《一統志》也記載張遠霄常往來邛州挾仙樓，常挾彈弓爲人擊趕災難，人呼爲「張四郎」。但以上這些書籍都未提及張仙會送子之事。

另一說爲孟昶，在《金臺紀聞》、《七修類稿》二書中提到民間所傳張仙圖，實際爲五代蜀主孟昶的挾彈圖，傳說蜀主孟昶美丰儀，喜打獵，善彈弓。宋太祖乾德三年（西元965年）後蜀被北宋滅亡，他的愛妃花蕊夫人被俘虜送入後宮，花蕊夫人思念前夫，因而自畫孟昶圖像以作爲紀念，又懼宋太祖知道，爲掩人耳目，僞稱張仙，拜此神不但多育子且可以保平安。以後遂流傳蔓延民間，成一信仰。

　　此二說，孟昶之說，有情有趣；張遠霄之說則較合情合理，有可能傳到後世，將二說混而為一。

　　張仙雖是送子神仙，在明代曾一度流行，「無子者多祀張仙以望嗣」。但究竟是男神，在過去中國舊社會中著重禮教，注意男女授受不親之觀念影響下，信仰不盛，很少看到供奉張仙為主神或配祀的宮廟。相對地，最重視的是註生娘娘。

　　傳統中國，向來最重子嗣，所謂妻財子祿，人生四願，其中子嗣之重要，尤勝功名利祿，因而有「不孝有三，無後為大」之說。臺灣習俗，同此觀念，無子夫婦每每祈禱註生娘娘，祈求賜獲麟兒。在過去，女人結婚後，生子育兒傳宗接代為一重要職責，未孕者期盼早生貴子，有子者祈望平安無恙，生病時呵護早日康復。這種關懷與期盼，自然希望有一神明予以保佑。這位被民間所信仰祀奉的神明，即是「註生娘娘」。由於「臨水夫人（陳靖姑）」也是保護婦女，安穩產難，在臺灣民間信仰中往往混淆在一起，其實兩位神尊是不同的，總之，註生娘娘是主司生育之神，專門保佑孕婦、產婦和幼兒的女神。

　　註生娘娘俗稱「註生媽」，為接子神，掌管婦女的生育，每一位婦女生幾子幾女，祂的生育簿上均有記載，而且只要誠心禱告，積德行善，還可以通融更改。註生娘娘有如此大權，也難怪有那麼多臺灣婦女要來燒香祭拜了。

　　註生娘娘的由來，據《封神傳》所載，謂姜子牙奉玉

皇大帝金牒，封三仙島上的雲霄、瓊霄、碧霄三姑掌管混元金斗，凡一應仙凡聖賢、諸侯天子、貴賤愚賢、落地先從金斗轉劫。而三姑係龜靈聖母之門徒，為玄壇真君趙光明之妹，今人所稱的註生娘娘，實將三人合一，混在一起了。

混元金斗是人生下來，落地轉劫的第一站，但它是啥東西呢？據《封神傳》所記，註生娘娘將此物練成法寶，擺下黃河陣，擒下文殊、廣法天尊等多人，可見此寶物的厲害。其實說穿了，金斗即人間的淨桶（馬桶）也。臺灣習俗，過去嫁女兒，不論貧富，妝奩中必備淨桶，不僅平日在淨桶排洩，嬰兒出生洗潔也在此桶，註生娘娘會選擇此物練為法寶，實在深有智慧。

臺灣婦女雖然如此崇拜註生娘娘，可是很少有寺廟將祂當作主神供奉，多半附祀在廟的偏殿。註生娘娘身旁又脅侍十二位侍女，俗稱十二「婆姐」（或「婆祖」或「鳥母」），各抱一嬰孩，六好六壞，以抱嬰兒之姿勢分別，凡嬰孩頭向上、姿態端正，即為「好婆姐」；頭向下向偏旁、姿態歪邪，即「惡婆姐」。民間相信孩兒若由惡婆姐撫育恐會夭折，所以凡是前往祈嗣保佑的婦女，必會準備（或自製）一些小衣帽套在好婆姐所抱持的嬰孩塑像，祈求能順利生下一位健康長命的孩子。等孩子順利產下，屆時要準備麻油雞、油飯供奉謝恩。

順帶一筆，臺北市松山慈祐宮供奉的婆姐有十三位，

多出的一位是紀念日據時代松山地方的一位姓「杜」的助產士，是真有其人其事的。大龍峒保安宮的十二婆姐，是清末時期大陸蘇州匠師所雕刻的古神像，參拜時請注意其頭髮造型，是同光年間蘇州婦女的髮式，有「牡丹頭」、「鉢盂髻」等等髮型，俗名「背蘇州」，有〈背蘇州〉一詞流傳，細說當年流行的蘇州婦女髮型，詞長，此處不贅。

解決了懷孕的第一關，緊接著還要煩惱是生男還是生女，我國傳統社會重男輕女，萬一老是生女兒，註生娘娘也能幫忙，只要進行「換肚」或「栽花換斗」的法術儀式。所謂「換肚」，就是在孕婦產下女兒後，十日內煮豬肚給產婦吃，吃「豬肚」而「換肚」，下次便會生下男孩。或是老公陪老婆回娘家，一起出外散步踏青，夫妻心中同時默念「踏青青就能生後生」，據說下一胎就能生男孩。

至於「栽花換斗」，即在婦女懷孕期間，請尪姨、道士、算命瞎子，拿一盆美人蕉（臺語「蓮蕉花」諧音同男孩生殖器）到孕婦房間，在牀前作法畫符唸咒，焚燒金紙，就能變女胎為男兒。不過美人蕉要照顧好，不能枯萎，否則前功盡棄。也有攜帶種著芙蓉花的五升桮（小的榼），到廟裡請道士司公祈禱作法，回家後三日內繼續在室內禱告，並把芙蓉花栽在庭院，就算完成換胎手續，不過這株芙蓉花一樣要照顧好，不可讓它枯萎，否則也是前

功盡棄而失敗。

　　奇妙吧！拜註生娘娘就可生子，舉行「換肚」、「栽花換斗」就可保證生男孩，是否果眞如此，就看讀者諸君信不信了！

吃吃喝喝
從日據到光復

　　明清以來，臺灣移民大多來自福建、廣東，以農業墾殖爲主，生活風俗習慣大致如同當時的福建、廣東兩省人民。

　　當時移民的主食包括五穀雜糧，以大米、糯米爲主，也食用紅番薯。人們一日三餐，或一粥二飯，或二粥一飯。糯米製品有糯米糕、糯米酒、湯圓等。紅薯先刨製成細絲曬乾，然後或釀酒，或磨粉，或和鹽蒸食爲飯，或和糖煮食爲點心。先民還喜歡吃麵粉製的糕餅、饅頭等，但臺灣不產麥，多半只能依靠輸入。農村雖養有豬牛，而禁食牛肉。一般盛宴以燒小豬、魚翅、鴿蛋等爲珍味上餚，廣東移民甚至有以貓肉待客，其他如食豬肉、食魚肉更爲普遍。

　　酒類以自釀的糯米老酒爲最好，村里也用紅薯釀酒，

但味道較淡。大家也飲用大陸北方的高粱酒和南方紹興的花雕酒，嫁娶之時，宴上往往有特製的紅色老酒，取其喜慶洋洋、吉祥之意。臺灣水果種類豐富，又是蔗糖產地，所以蜜餞種類極多，有不少名產，深受歡迎。另外，檳榔可以消食去濕，有辟瘴之效，頗受重視，常配荖葉、石灰裹食；檳榔的枝梢可以去皮切絲炒肉，稱為「半天笋」。

除了鄉土風味的菜餚、小吃，移民也帶來了食補的習俗，每逢春夏之交（即半年節），秋冬之際，總要以中藥或四神等燉食雞鴨、豬肚，叫作「半年補」或「補冬」。

此外，眾多的歲時節日，各自有著傳統食品的食俗。可是到了日據時期就有了很大變化。以每日三餐為例，日據時代，有從日本輸入改良品種並種植成功的蓬萊米、本地土產的在來米，和西貢米、暹羅米，從此食米一變為以蓬萊米為主，一直至今。臺灣菜很少用調味料，都是用高湯去熬，但是日據時期，有日本輸入的「福神漬」、「澤醃」等醬菜。「味之素」（即味精）剛上市時，一般人很少食用，之後日人大肆宣傳，才逐漸為臺人所接受，又一變成為臺人煮湯炒菜喜加的調味料。但到今日以其有致癌之危疑，又變成少量使用的流行現象。

以點心為例，日據時期多了日式點心，如：壽司、烏呑（或名雲呑，是無鹼的麵條，今譯烏龍麵）。日人在臺灣的新高製果株式會社出品的香蕉牛奶糖也風靡臺灣，嗣後，日本森永和明治等兩大糖果公司，也緊跟著輸入臺

灣，一爭長短。後來，新高開設一家時髦的喫茶店於臺北城內，供應咖啡、紅茶、西點、冰淇淋和冷飲，大肆宣傳他們製造的糖果，再加上女性服務生的隨侍，一時轟動。

臺灣氣候炎熱，果露的刨冰，頗為人們喜愛，這種草莓果露，大多採用在臺日商松田、久保田的出品，其他枝仔冰、冰淇淋及雞蛋冰也都很流行。啤酒以高砂牌為主，剛開始沒有人喝，日本當局大力推倡，免費供人嚐試，以後才流行開來。在日本製造的三ッ矢サイダー汽水，及本地大眾化的小汽水ラムネ（小時候習慣稱為彈珠汽水），也暢銷各地，當時詩人江潮富曾詠詩「美味清良孰與偕，允推特品黑松牌，片時口舌乾還潤，頃刻身心熱自排。恰似藍橋瓊液好，真同仙掌玉漿佳。笑余不染相如渴，亦試多杯爽詠懷」。今天風迷全臺的黑松牌汽水，即是借用日商當年的品牌，暢銷至今。

至於酒，臺灣早年因為專賣制度尚未實施，日本當局對此並不禁止，故酒類大多私製，當年艋舺鼎美號的老紅酒、源濟堂的紹興酒，與樹林的紅露酒馳譽遐邇。當時民間釀造的酒，以米酒和紅酒為大宗，他們都設有糟坊，自釀自售，從事批發。除了本地酒、番酒外，還有外地輸入之酒，如由大陸輸入的玫瑰露酒、五加皮酒、紹興酒、虎骨酒等；由外國輸入的有白蘭地、威士忌等，然均不足與日酒抗衡。

由日本輸入之酒，品牌太多，如白鹿、白鶴、茗翠、

菊正宗、澤龜、櫻正宗、金露、楓白鹿、月桂冠、賀茂司正宗、春駒、泉正宗、清力、賀茂鶴、菊露正宗、龜齡、都菊……及白玉葡萄酒、朝日啤酒等等，名稱中多是「松、竹、梅、菊、櫻、鶴、龜、龍、鹿、山、海、日、泉」等自然清新、甘醇的字眼，令人發思古幽情，未喝先醉，其中又以白鹿、白鶴、菊正宗，及惠比壽、麒麟兩種啤酒最叫座。

此外，日據末期日人全力進行「皇民化」，極力推行臺灣人吃豆醬湯（即味噌湯）及生魚片等，下令學生、公務員、工人採用「便當」等（傳統臺人的稱呼爲「飯包」，今日已沒有多少人知道）。總之，經歷日人半世紀的統治同化，臺灣菜內涵形式均已改變，譬如魚蝦旁邊配上日式西洋沙拉，形成今日臺灣料理必有的形式，部分食堂市招以「漢和洋料理」爲號召，臺菜又展現了一番新面貌，倒是街頭小吃反能保有傳統形式及滋味，顯得古色古香，清純可愛。

臺菜著重在菜本身的味道，以往做菜時很少加調味料，較爲清淡。日據後，受到日本料理影響而加入大量味精，逐漸失去原有特色。到了光復初期，臺灣菜給人的觀點，一般來說，是佐料太簡，火候未到，加上無菜不入味精，湯湯水水，吃起來味道總是差不多，不能引人入勝。但它的長處是材料實在，所以在一席之後，朵頤雖未必大快，而大腹卻已便便了。

　　光復以來是一個可喜的大轉變，因為大陸各省同胞先後來到臺灣，帶來了各地各族的風味，一下子巷子裡有人叫賣：「饅頭，饅頭，山東大饅頭」，巷子口有扁食麵攤，小店賣上海小籠包，菜市場出售廣東粥，四川館有紅油抄手，北方佬表演拉麵，還有溫州大餛飩、粉蒸排骨、麻婆豆腐、牛肉麵……，臺北地區更匯集了全省各地，甚至中國各省的吃食，各物齊聚，應有盡有，多彩多姿，要什麼有什麼。不過，光復初期，因兩位蔣總統是浙江奉化人的關係，上行下效，江浙菜一時成為臺灣宴席主流，盛極一時，也帶動川揚菜系，也出現了一批名廚。不料近年臺灣各大觀光飯店又轉而以廣東菜、四川菜為主流，江浙菜一時沉寂，山東菜、安徽菜則缺乏傳承。但不管如何演變，許多外省菜系名菜，都隨著外省同胞移居而傳入臺灣。

　　舉凡如：

(一)北平菜系的涮羊肉、掛爐烤鴨。

(二)蒙古、新疆烤肉。

(三)湖北菜系的炒鱔糊、燒賣、珍珠丸子、豬油糍耙。

(四)湖南菜系的臘肉、燜燒活魚、香瓜鴿盅。

(五)四川菜系的宮保雞丁、魚香肉絲、麻婆豆腐、一品海參、蒜泥白肉、樟茶鴨子。

(六)江浙菜系的烤菜、雪裡紅、冰糖甲魚、鱔魚糊、
獅子頭、南京板鴨、上海大閘蟹。

(七)福州的紅糟鰻魚、煎糟黃魚、紅糟肉、佛跳牆、
美人螫、螃蟹蒸飯（今稱紅蟳米糕）、蔥油酥、
麻花、光餅、魚丸。

(八)潮州客家的燕窩湯、魚翅湯、水晶田雞、滷水
鵝、石榴雞、梅干扣肉、燒酒雞、鹽焗雞。

(九)廣東的飲茶、叉燒包、蠔油包、蝦麵、河粉、米
粉、牛肉燴飯、烤乳豬、廣東粥、狗肉、蛇肉等
等。

經過六十餘年的發展，臺灣的中國飲食菜系，堪稱獨
步中外，匯通古今，絕對是華人地區第一。加上省籍意識
的日趨淡薄，本省外省通婚日多，許多名廚將手藝傳承給
下一代的臺灣人、客家人，外省菜系也多少融入臺灣本土
味道，形成一大特色，也是居住臺灣各族群的共同飲食、
共同記憶，更成為新的鄉愁。

至於以閩南、福州菜系為基調的臺菜，也在外省菜系
酸甜麻辣的洗禮下，也有了一番新口味的變化，說起來，
在我印象所及，臺灣菜並沒有什麼特別之處，想要舉一兩
樣典型的臺灣菜，偏偏只想得出一些小吃，很明顯地，
臺菜館生意不如江浙館、廣東館、川揚館、湘菜館好。
講到小吃，只能以我個人較熟悉的當時臺北圓環小吃代表

臺菜，其中肉羹魚翅、炸麥花雀、煨青菜、燉當歸鴨、魷魚羹、炒米粉、滷肉飯，至今回想，口頰留香。不過臺灣菜，大半淡而帶甜，對吃慣外省較重口味的我，反而不甚相投。說真的，讓我懷念不已的，反倒是窮學生時代的滷豆乾、滷海帶、滷蛋、煮花生、扁食麵、榨菜麵、陽春麵、牛肉麵、經濟實惠，物美價廉。

上了大學，因為打工、賣書寫稿，手頭寬裕些，對鹹水鴨、板鴨、烤鴨、烤雞、醬牛肉、滷豬腳……這一類的滷味，興趣不淺，信義路、武昌街都是打牙祭時，呼朋喚友常去「報到」的地方，口味仍偏重偏鹹。

遺憾的是進入七十年代，臺北迅速發展，許多高樓大廈矗立街道，出現一家家裝潢富麗的大飯店，很多人時髦地擠到裡頭去吃「場面」、吃「派頭」，那些僻街陋巷的小吃攤、小館子一家家歇業，要不老板老了，退休不做了。口味也開始混淆了，川揚北平一色，臺灣外省不分，至如今所謂江浙館、湘菜館、四川館……口味全變了，本地與外省菜餚共處一桌，也說不上是那裡口味，不過口味並非一成不變，大家倒吃得其樂融融，不分地域，這倒是一個好現象，因為社會與文化的轉變，往往先反映在飲食方面，最先是對不同口味的接納與認同，然後經過一個混同階段，最後才融合成一種新口味。

今天的臺灣菜已成了一獨特系統，增加了不少菜系，吸收了日本料理、中國各省菜餚特色，要吃傳統臺菜，不

怕避嫌，可以考慮到青葉餐廳與海霸王、甲天下吃吃，吃慣了大魚大肉，口味重的菜，不妨考慮一下清淡爽口的臺菜，像蚵仔煎、潤餅、切仔麵、菜脯蛋、蚵卷、瓜仔肉、米粉、肉圓……都是，也許「清爽可口」、「百饌雜陳」、「生猛海鮮」就是今日臺菜的新特色了。尤其可喜的現象是，多年前臺菜餐廳的賓客只限於臺灣人或日本觀光客，而今外省籍的食客也漸漸多了起來，吃——是不分省籍和族群的，先以「吃」統一藍綠統獨。

常民生活的
三餐與細饌小吃

　　自古云：「民以食為天」，臺諺說：「一食二穿」、「食是福，做是祿」，平常見了面也要打個招呼：「你食飽否」，出外謀生也稱為「賺食」，落難流民乞討者稱「乞食」，在工作上班的叫「食頭路」，都表現了食的重要。

　　臺灣的吃，一般人都混淆在一起，其實應大致分成三種：(一)日常三餐；(二)細饌（零食）小吃；(三)年節祭品，這其間可有很大差別。平常三餐極為簡素粗糙，祭祀日或宴客時，酒池肉林猶嫌不足，祭祀日一天份的料理，可能相當於平常半個月乃至一個月的份量。此外，信神的婦女，或因許願，在農曆初一、十五，或每月逢三、六、九日不吃早餐，謂「減大頓」，也表示省下吃福，留與子孫享受之意。「持齋」則在定期之日不吃葷腥，例如持早

齋，則每日早餐僅吃素食即是。以下我們先扼要的介紹每日三餐的主食與副食：

在主食方面，主要食物為米，米有粳米（炊飯用）、糯米（做粿粽之用）兩種。又因收穫時間的不同，分成：新米（現季收穫）、舊米（前季收穫）、早米（春季收穫）、晚仔米（秋季收穫）；及因碾米精白的度數，稱：糙米、半白、白米，現在大家日常食用的多是蓬萊米，在來米（台灣原產米）反而很少人吃了。

煮飯的方式有「撈飯」、「燜飯」、「炊飯」三種。撈飯是舊時使用大灶的煮法，首先將平底鍋內水煮沸，再將洗好的米放入鍋內蓋上，米和水的份量大約是一比二，經過二十分鐘後，米煮熟了，米粒浮上，用竹做的笊（臺語俗稱飯籬）撈取米飯，這就是撈飯。撈剩的米粒，留下煮成粥。如果米粒整個撈空，剩餘的米湯叫「潘」，可當作飲料，或洗濯用的糊，用來「漿衫」，可保持衣布潔白。潘或食後的殘餘廢料還可充分使用，作為豬的飼料，俗稱「潽」。炊飯即蒸飯，燜飯則是將鍋裡的水放少，米煮熟時，水分已乾成飯。粳米和副食物一起做的飯有鹹飯、番薯飯，番薯簽飯等。

飯以外還有粥，俗云「加人、加水、無加米」即指煮糜的方便與節儉，糜有潘糜（米湯各半）、濃（音老）頭糜（比例米三湯一）、清糜（米一湯三）。清粥適於酒

後，濃頭粥適於做工時吃。混煮副食物的粥俗稱鹹粥或鹹糜，鹹糜又有番薯糜、番薯籤糜、菜瓜糜、菜頭糜、米豆糜、蚵仔糜等等。

在副食方面，副食的種類很多，可分醬鹹及一般蔬菜、肉類。醬鹹或稱醬料，即醃漬類，以前都由家庭婦女自己醃漬，與煮食、炊粿、縛粽同為日常主要家事之一，現在則多由超級市場買罐頭回來，即可開罐食用。醬鹹主要有：菜頭、菜心、鹹菜、糜瓜（冬瓜漬）、鹹薑、破布子、醃瓜仔等醬菜，甚至節儉者也把西瓜皮、菜頭皮、大頭菜皮等菜類的廢物醃漬食用。

醬鹹以外的副食俗稱「菜配」，即各種蔬菜、肉類等。蔬菜因四季出產而不同，常吃的蔬菜有菜頭、蔥、韭菜、蒜、萵苣、芥菜、菠菜、蕹菜、芹菜、南瓜、冬瓜、絲瓜、菜豆等等，其次為薑、芋頭、筍、甘藍、白菜、胡瓜、茄子、豌豆等。其中用於祭祀日或宴客的有菜頭、蔥、韭菜、芥菜、白菜、芹菜、胡瓜等，像萵苣、菠菜、蕹菜、南瓜、絲瓜、茄子等粗俗蔬菜則不可使用於祭祀。另曬乾菜類有：高麗菜干、菜脯、鹹菜干等。

肉類以豬肉、魚類為主，雞、鴨、鵝、蝦、蟹等僅於祭拜或宴客才用。居家平日的副食幾乎是蔬菜和醃菜，偶而加入數片豬肉（大多數是白煮肉）或雜魚調理，而調味料大多只有油、鹽、糖，生活極為簡樸。

要之，每日三餐的副食總會多少有些變化。普通早

餐的菜為「四碟一碗湯」，一碗湯是「豆腐、魚脯、白菜湯」等，四碟是醃瓜仔、豆腐乳、土豆仁，菜脯或油炸粿、鹹薑、破布子等物。午餐、晚餐吃飯，配菜有「兩碗湯四盤菜」，兩碗湯為鴨卵湯、竹筍湯或苦瓜湯、蚵仔湯，有時為赤肉湯；四盤菜以豆干炒菜脯、煎魚、炒韭菜、炒茄子、炒豆芽等、煎雞卵、鴨卵、蚵仔煎等物。較富有的家庭，早餐的菜以鹹蛋、松花蛋（皮蛋）、肉干、肉脯、燒肉、燒雞肉、臘腸等物為主。湯有豬肚湯、腰子湯、下水湯、薑絲雞湯、蝦仁湯等。有時富人吃膩了大魚大肉，反而喜歡吃淡的醃菜，俗云「吃魚吃肉，嘛要菜甲」，意思是吃魚吃肉，也要配些蔬菜，才不會過於油膩，且增加口感。又云「一斤肉，不值四兩蔥」，意謂有肉也要有蔥才有風味。從以上簡略的介紹，可知臺灣庶民平日三餐的簡樸而多樣。

在昔日經濟不發達的農村社會裡，臺灣人民生活較為困苦，日常主食以番薯飯（粥）為主，即使是有錢人，因民性儉樸，也常吃番薯飯，平常很少吃整碗香噴噴的白米飯，而那時的番薯飯，並不像我們今日偶爾吃的番薯粥，番薯是切一小塊一小塊的，吃起來感到甜軟可口，從前的人是以曬乾的番薯簽煮粥，結果米是一粒一粒的，番薯是一條一條的，軟硬不同並不調和，現代人是很難下嚥的。

除了番薯飯之外，先民還以金瓜飯、芋仔飯、高麗菜飯、麵仔飯等，充作簡便點心，於祭典或農忙時食用。每

日三餐之外，較富有的人家、老年人或幼兒，在下午三、四點和午夜均有另外補充的簡便食物，俗稱點心。點心有鹹、甜兩種；甜點有綠豆湯、米糕糜、圓仔湯、麵茶、粉圓等，多是夏天食用的。鹹點有清粥小菜、大麵、米粉、冬粉、麵線、肉包等，其他也有加糕餅、餅乾等，大部分是由沿街叫賣的攤販買來吃。

　　賣點心的場所大多在夜市、廟口，或菜市場內，但街頭叫賣的也不少。叫賣攤販各有各特色，叫賣的聲音也各有節奏，例如：賣番薯的以手搖動齒輪竹筒，發出「咯嚕咯嚕」的轉軸聲；賣魚丸的用湯匙敲打碗公，發出「叩叩」的聲音；麵茶在手推車上，利用水蒸氣從長嘴茶壺噴出「嗯！嗯！」的長音：賣豬肉的吹法螺，「嗚嗚」滿街巷；賣李仔糖的上下搖動鐵筒，使筒中的木籤「嘎嘎」地作響，也有賣小孩糖果的，頭圍紅布條，褲腳捲到膝蓋上，口裡唱著自編的歌詞童謠，逗得孩童們成群跟在後頭，央求大人買一串解解饞。如今這些叫賣聲已不在，僅存在記憶中。中國人一向有愛吃點心零嘴習慣，有些是自家烹煮，更多的是買自街頭、市場、菜市的叫賣或小吃攤，若真要將這些解饞填嘴的點心零食，一一列出，其數量不下數百種，而且很多仍流傳至今，仍受大眾喜愛，以下略記大概：

　　・飯類：白飯、油飯、滷肉飯。

- 粥類：清粥、鹹粥、甜粥（如福圓粥、綠豆粥等）。
- 粽類：肉粽（以前甜粽在市上不賣，都是自家做）。
- 粿類：芋粿、碗糕粿、鹹粿、鹹甜粿、油蔥粿。
- 麵類：湯麵、炒麵、什菜麵、肉絲麵、蚵仔麵線、臺南意麵。
- 米粉類：米粉湯、炒米粉、冬粉湯、米苔目、及粿條。
- 湯類：土豆仁湯、紅豆仔湯、綠豆湯、圓仔湯、魚丸湯、蚵仔湯、肉羹湯、豬腸仔湯等。
- 羹類：魷魚羹、肉羹、蚵仔羹。
- 煎類：蚵仔煎、大腸煎。
- 炸類：番薯煎、芋煎、蝦仔煎、豆乾煎、油炸粿、馬花煎、油魚煎。
- 糕類：鹹糕仔、綠豆糕、鳳眼糕、土豆仁糕。
- 包類：刈包、肉包、饅頭。
- 漿類：豆漿、米乳、麥乳、杏仁乳。
- 烘類：烘魷魚、烘小鳥。
- 捲類：臘腸、雞捲、肉捲、潤餅。
- 凍類：肉凍、肉皮凍、雞腳凍。
- 餅類：平西餡餅、蘇餅、卡車藤（日語）、胡椒餅、牛乳餅、繼光餅（分芝麻與光面）。
- 大菜：燒雞鴨、當歸鴨、魚翅、枸杞鰻等。
- 菜配類：各種青菜、漬鹹、魚肉、鹹鱸魚、鹹鴨

蛋、肉脯、肉鬆、肉皮、豆腐、豆干滷等。

　　以上不過略舉大概，不論是零嘴，或三五好友隨意小酌，甚至團聚一桌合飲，飲食攤上都一應俱全，都有得賣，有得吃。飲食攤有大有小，有賣主食類的固定攤位，如飯擔仔、麵擔仔，或僅賣單一食料的，如蚵仔煎擔、魚丸擔，也有賣各種零食的流動攤販，從這些叫賣方式與叫賣的東西，不僅反映臺灣飲食之盛，我們也不難窺見當時的社會情形，例如臺南的「度小月」早年即是於討海淡季時才出來販賣麵類，故稱「度小月」，只因食材、配料豐富，肉臊香噴，竟成一大特色。

年節食俗的回顧

　　中國菜享譽全世界，久爲世人所稱道。中國菜淵源流長，演變到近代，飲食專家習慣將之分爲八大菜系：山東菜、江蘇菜、浙江菜、四川菜、湖南菜、安徽菜、廣東菜、福建菜。中國菜不獨講求色、香、味調配，烹飪方法更講求變化。

　　譬如刀功便是一例，從大的方面說，就有：切、斬、批、剁、砍、削、旋、剜、剔、排、敲、拍、撬、刮、剞……之別；從小的方面言，光是「切」，又可分爲直切、推切、拉切、鋸切、鋤切、滾切等等。經過處理後的原料形狀，又可變化成：片、段、條、絲、丁、粒、末、茸、球等等。再說「片」吧，就有中舌片、刨花片、魚鰓片、骨牌片、柳葉片、月牙片、馬蹄片、象眼片、鳳眼片、韭菜片、棋子片等。

火候的強弱，猶屬神技，因火候的大小快慢強弱，使食物變化成鮮、嫩、香、酥、軟，所謂「三分技術七分火」，光就火候來說，就可分成火力、火度、火勢、火時等等，再以「火力」言，又可分成急火（武火）、旺火、慢火（文火）。一位有經驗的廚師，必定熟悉食物的性能，考慮用什麼燃料和炊具，決定火力大小和加熱時間長短，火候適當，自能使食物或鮮嫩或香脆。至於像佐料的蔥、蒜、薑、花椒、胡椒、大料、芥茉、蔴醬、醋、糖等物，不僅調味，更能中和食物性質，或能去寒去熱，或能幫助消化，祛殺毒菌。因為調味的變化而有苦、辣、酸、甜、鹹五味，中國菜餚之好吃，原因就是做法多、調味巧、火候妙。

中國烹飪術種類繁多，雖名廚專家亦鮮能盡道其詳，加上中國版圖遼闊，菜系種類又多，大同中復有小異，做法既不相同，名稱亦不一致，粗略估計，至少有三十多種，有位趙中午先生把它編成一首歌訣，倒是幫助人好記好唱，歌曰：「炒爆溜烹涮，穿抄煎炸拌，燒烤煨燴燜，滷煮蒸熬燉。烘糊焗燴拔，風糟醬凍燻，以上三十法，請君記在心。」不過，臺灣平日居家的菜餚料理極為簡素，並沒有這麼繁複多樣的烹飪方法，一般而言，平日居家料理，常用的調理法有下列六種：

(一)煠的（用水煮的東西）：調理法為用水涮煮食

物,再切成適當大小,只沾醬油調味品食用。

(二)炒的:這項調理最常用。首先在鍋裡放油,細切薑、蒜、蔥等調味料或翻炒或爆炒,再放入食物攪拌翻炒,最後加鹽或醬油等調味。當然,其中火候、用油、下鍋、出鍋,端看個人的手藝了。

(三)炸的:食物裹上麵粉和蛋黃混和,再加以油炸。由於油炸需要大量用油,居家平常少做,多在祭祀或宴客場合才用。

(四)蒸的:將食物放入適當容器,用蒸籠蒸。因為蒸的食物也需要大量的燃料,平常亦很少做。燃料因地方而異,像雜木的枝葉、竹枝、竹葉、雜草、籽殼、牛糞、甘蔗葉等都可以,像木炭等這些高價燃料就少用了。

(五)煮的:和炒的方法相同,先放油,加入薑、蒜或蔥等調味料,其次放入食物,再加少量水攪拌,若要煮成湯,則加入多量水煮沸。食物煮熟時,再加鹽或醬油調味。

(六)滾的(煮久一點的東西):滾的通常用陶鍋,加適量水份,放入食物,用文火充分煮熟,其次再加鹽調味。另外,肉類等食物用水煮熟後,再加入醬油,不加砂糖,再充分煮爛或燜爛,名為「封」或「風」。

　　在臺灣，過去炊事全由婦女負責，由於過去是大家族制度，慣例由各房的妻子輪流數日負責炊事，眾口難適，每人口味不同，順了姑意，逆了嫂味，可真難為了主持中饋的人。而且臺灣過去沒有「調味料」這玩意，頂多是用油、鹽而已。既以油鹽為調味，蔬菜也是用水煮過，沾醬油吃。清代時期臺灣，油以麻油最貴，其次豬油，再次土豆油、大豆油、煉豆油。這些都已經算是極簡素的做法了，如果連這些都用不上，臺灣俗諺「吃無油菜湯，眠無腳眠床」，既是指吃沒有油的菜湯，睡沒有腳的床舖，為窮困粗食的代表，也即是形容極端貧窮。至於「味精」這玩意，過去可沒有，日據時期也少用，反而是光復後才大量使用，現在又轉趨少用，這事可說來話長了，就此打住吧！

　　臺灣從歲首到歲末，幾乎每月都有一個或幾個節日。古老的節日來源，多與人們的原始信仰有關，因此在不同的歲時季節祭祀某一神明以祈福避災。所有節日已經流傳成俗，無不與各節日特有的飲食結合，使得每一個節俗有應節食品，大都有著內容新奇雋永的神話和傳說，這些迷人的神話傳說，也反映了年節食俗的由來與起源。隨著歲月推移與社會變遷，原來的祭禮儀式日益減化，甚至不再舉行，致使許多節日活動只留下以飲食為主，甚至是唯一的飲食紀念活動。

　　臺灣年節的多樣性，集中表現在應節食品上，在眾

多的歲時節日，各自有著特定的食品，以下簡單地介紹如下。

正月初一的春節，用自製的紅白兩色米糕祭祖祭神，這些甜粿、菜頭粿、發粿，無非表示喜慶、好采頭、大發利市之意。除夕夜要全家圍爐團聚，吃粉圓、肉圓、魚圓，祝福全家團圓，新的一年每個人都圓圓滿滿。吃雞意味「起家」；吃油炸食品表示「家運旺盛」；吃整根煮熟的芥菜（長年菜），取意「有頭有尾」、「綿綿不斷」，祝福親人長壽；供柑橘，意「甘吉」，取吉利之意；供春飯，表示有「剩」飯餘糧之意，至初五日撤去，俗信用它來餵豬，豬隻容易快快長大。

立春前一天，清代志書記載有吃春餅的習俗，春餅其實就是潤餅，是處理每年春節剩下的剩菜方式之一，從中可以想見先民們節儉的風氣，現在則是平日都可以吃到，臺灣潤餅南北不同特色是「南乾北溼」，特別是南部作法，喜加入乾的花生糖粉。日據時代增加哇沙米，光復後增添甜麵醬、甜辣醬，也有直接微火烤捲，捲曲封口。封口醬汁則有豆腐乳汁、蒜泥汁。正月十五元宵節，有乞龜、偷蔥、聽春的習俗，也有「食供」的風俗，就是把供神的食品拿下來分給大家吃。後來則僅見吃元宵的習慣。

二月初二，俗稱「土地公生」，要打牙祭做「頭牙」，牲禮必豐，必備年餅，近來改為刈包，已不見熱鬧氣氛，只剩年終的「尾牙」與歲初的「喝春酒」，較為普

遍、熱鬧。

三月三日是「三日節」，也是祭祖的日子，臺民供奉鼠麴粿，祭祖之後，作為禮物互送。

四月五日清明節，也有掃墓活動，男女老幼上山培墓、掛紙，順便全家郊遊（這也是今日「春假」之由來），祭畢就和家人席地野餐，分發墓粿，至暮乃歸。祭品福佬人習慣用豬肉、魚、蛋、鬆糕和甜糯米飯為主，另外做薄餅，裹上雞絲、蛋絲（或蛋酥）、豆腐乾絲、鮮蝦、花生米、紫菜、冬菇等，沾甜麵醬而食。客家人則用豬肉、雞、蛋、魷魚、豆腐乾為祭品，還要做麻糍與發粿。薄餅即是前述的潤餅，臺灣南北不同特色為「南乾甜北溼潤」、「南儉北豐」。

五月五日端午節，清晨起來，灑掃庭院，點燃一束稻梗，熏遍室內四隅，叫做「送蚊（瘟）」，門插艾葉、菖蒲、稗禾、榕枝、意味「避蚊」。兒童戴香包、苦草、擦雄黃酒。中午祭祖，祭品很豐富，有龍眼、波羅蜜果品，中有五味碗、後列五牲，兩側有粽子、芋撓、白飯、米粉、雄黃酒等。這一天大家還互贈西瓜、粽子。

粽子是端午必備祭品，相傳起源於弔祭屈原。粽子又稱角黍，有甜、鹹二種，甜的用竹葉包糯米或再加土豆混煉粉蒸熟；鹹的用竹葉包豬肉、香菇、蝦米、蚵乾等配料蒸熟。做時，二、三十個纏在一起，用鹹草編辮髮似地繫住，叫做「粽符（台語音「步」）」，這是從古代「葦

茭」變化而來。也有人不做粽子而做「餦」，以油煎熟，尤稱美味。

六月初一爲半年節，各家用米粉染紅做丸，以此祭神敬祖，叫做「半年丸」，表達感謝神明祖先這半年來庇佑，使得全家團圓平安。

七月初七爲七巧節，是女孩子供奉織女以求得女紅巧技的活動，在臺灣織女被稱爲「七娘媽」，用花（如千日紅、雞冠花、鳳仙花）、粉、香、果、酒、肉、鴨蛋七枚，飯七碗奉祭，祭畢把花、粉拋上空，留部分使用。也用龍眼、芋頭、糖拌煮黃豆等互相饋贈，稱之「結緣」。拜過「七娘媽」，還要另備芋油飯一碗、粿類若干，拜謝「床母」，然後再燒「床母衣」。讀書人以這一天爲「魁星會」，大都在村塾、學校內備酒聚飲，求得吉利，順利中舉。

七月十五爲中元節，也是佛教的「盂蘭會」，這一天祭奠亡魂，陳設餅、糕、香櫞；柚子、香蕉、黃梨、鮮薑與粥飯等食品，供祭亡魂食用，並有搶孤、放水燈習俗。

八月十五中秋節，有吃月餅習慣，並以骰子擲四紅奪餅爲戲。傍晚以三牲、荣蔬、年餅（也是潤餅）及米粉芋（米粉湯加芋頭）祭祀土地公。也有以芋頭炒米粉、及香蕉、柚子、鳳梨、蓮霧、月餅等食物供品「拜月」。

九月初九重陽節，配茱萸、賞菊、飲酒、食麻糍，兒童則放風箏。

　　十一月的冬至，每家以糯米作圓仔、圓仔母等湯圓，祀神祭祖，而後一家團圓吃湯圓，稱「添歲」。各家門戶器物，也要各黏一個丸子祭祀，叫「餉耗」……。

　　十二月二十四日，灶王爺上天為「送神日」，以紙馬儀仗與茶果牲禮祭祀。次年正月初四接神，祭禮一樣。

　　總之，台灣的年節嘉日，是「人、祖、神、佛」共同歡樂的嘉年華會，普天同慶，充分傳達中國「敬天法祖」的文化意涵。

婚喪喜慶宴席菜

　　中國素稱禮儀之邦，設宴請客，是禮的一部分，上古時代，最原始、最簡陋的禮儀始於飲食應對，始於祭祀鬼神。到了周代，宴請禮儀開始成為制度，並形成基本格局，對後世產生了重大影響。由於時代、民族、地區、季節、場合、對象，以及其他條件的不同，導致宴客禮俗千變萬化。以下先就日據時期的宴會禮俗介紹如後。

　　邀客用請柬，請柬是邀請客人的通知書，以示對客人的尊敬，現在發請柬之俗尚存，且有越來越華美之趨勢，反之，年輕人的請柬則有私人客服化之特色，各擅勝場。

　　客來先敬茶、敬煙、敬點心。接著入席，入席時，以長幼、尊卑、親疏、貴賤排座次，這是宴會禮儀中最費心神，也是最重要的一項。傳統臺灣的宴會是以正廳（供神位及祖先牌位）正面為上座，同時，宴客位子因方圓有所

不同，座位又分「聽戲」與「普通宴」席。聽戲席，席前留兩個空位，可使賓客無遮攔地向前觀看欣賞，其次序圖示如下：

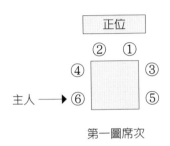

第一圖席次

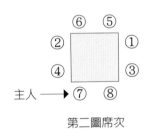

第二圖席次

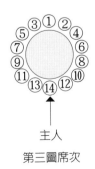

第三圖席次

　　其中，一和二是主賓位，三和四是陪賓位，五和六是族中長老或鄉耆，七和八是晚輩位，以近於門口便於接菜、敬酒。簡單地說，面對大門是上位，最接近門邊的末位是主人位以便於起身接送客人。

　　在酒宴開始以後，桌上四角落有點心盤，俗稱「角盤」，有瓜子、糖菓、水果等，席間可隨意取食。另有豎碟八盤，排成四行，中央放一碗大菜。吃時主人先舉杯敬酒。眾賓應之，主人再舉箸夾菜相請。敬酒時應相互拱手舉杯，或一飲而盡，或隨意略啜。

　　參加宴會，應注意禮儀，主人未請，客人未齊，不宜先吃。客人也要等主人說了「請」才進食，才不失禮。吃時，喝湯舉箸不宜作聲；雞魚碎骨不可亂吐；不可因喜歡某道菜，拼命去挾來吃；尤其是丸子、雞蛋、肉塊，多準備一人一個到二個的份量，不可多挾多吃；也不可以爭先恐後挾菜，妨礙別人挾菜搯湯。還有主人敬酒時，不可同時下箸挾菜，也應舉杯應酬，這些都是應知的基本禮節。

　　喜慶宴飲雖有壽宴、婚宴與酬神的不同，但客人均忌諱單數，普遍多是十人、十二人，十四人為最大限度，如果人數再多，就增開一桌。

　　壽宴必用豬腳、麵線、雞蛋等，首先上這些菜色，客人一邊挾麵線，一邊祝賀說道：「延壽延壽」，麵線不可切斷或切短。酬神宴，頭一道菜是「風肉」（燜的蒸肉）。喜宴時，首先上甜的圓仔湯，俗稱「團圓」、「新

婚圓」或「雙囍」，取其甜蜜圓滿，最後一道甜湯，仍不可少。

臺灣宴席菜餚，亦忌奇數，通常是十道、十二道、也有十六道、十八道的，最高級為二十四道。當菜上到一半時，俗稱「半席」或「半宴」，即端上甜湯，這時主人要把客人的湯匙拿起，放在熱水裡洗乾淨，再放回客人面前，並舉匙請喝甜湯。喝完甜湯，客人可到旁邊椅子休息，在清代、日據時代常見抽鴉片的抽鴉片、吸煙的吸煙，「中場休息」，各隨所便。主人還會命人端來熱毛巾，供客人擦拭清潔一番，然後才重新入座，繼續用餐。直到最後一道甜點或甜湯端上用完，宴席才算告一段落。此時主人又會準備毛巾熱水供客人洗手洗臉，客人洗完就坐在一旁休息閒聊，過一會兒才能向主人辭行退席，否則會被視為不禮貌。

豪華宴會時，或演戲或有樂師歌女演唱助興，多半在開宴或半宴時，至於猜拳、勸酒，一般都在半席以後。要特別強調的是，過去宴席，很少有互相敬酒喝得酩酊大醉的，哪像今日，非要乾杯不可，不喝得「抓兔子」，不喝得滿臉通紅，不喝得醺醺然東倒西歪，語無倫次，就像沒誠意似地，這是哪門子的宴會禮儀呢？

臺菜料理，原則上是現殺、現烹、現熱、現吃，所有菜餚材料，多半是從菜市場或雜貨店買回。買回後切菜、摘菜、洗菜都是一門功夫，摘菜、洗菜在師傅指點下交給

徒弟去做，切菜則由師父親自操刀。作好的菜餚，小菜事先放在桌上，大菜則按順序放在桌子中央。但是，平日只是家人簡便三餐，通常事先將大菜放在桌上。而且無論任何場合，男女並不同桌共食，婦女也不在旁邊倒酒伺候，孩子也不上桌，一般都站在旁邊或適當地方坐下吃飯。

吃飯原則男先女後。因此，每逢祭祀日宴客時，首先是男客、女客、家族的男人，其次才是家族的婦女的次序。前面的人吃剩的菜加熱後，再端上給下次上桌的人吃，所以過去在鄉下宴客，一看到大碗公堆放著數人份的菜，往往大吃一驚，殊不知這其中還包括著後面的人要吃的份量。因此吃全雞時，禮貌上不可吃頭腳尾部位，這要留給下面的客人，再度端上時，是「全雞」的模樣，忌日設宴，廣招親戚好友，斟酒勸食，賓主盡歡，其樂融融。臺灣習俗，以賓客多少象徵家運，客人愈多，家運愈昌隆，也具有誇耀人面廣闊用意。反之，客人稀少，也代表家運衰敗，因此宴席如有空位，隨即命家人入座，以免空著。桌上菜餚，盛肉如山，平常蔬菜、米飯是不上桌的，以免被人笑談。祭日一天的料理，可能相當於平常半個月，乃至一個月的份量，臺灣俗話「神得金，人得食」，即形容祭祀日神得金銀紙，人們則趁機大吃一頓。

祭祀日的菜也許以「吃飽」為主，但婚喪宴席的料理則精緻多了。宴席分上宴、中宴和粗宴。粗宴是以雞、鴨、魚、肉等材料為主，再配以蘿蔔、竹筍、冬瓜等蔬

菜，是專為喪事宴席菜色，俗稱「豆干菜仔」，表示粗簡菜色之意，也有謙虛不成敬意之用意。臺灣中等宴席，在日據末期曾留下一些菜單，茲抄錄於下，以明大概：(一)清湯大燕、生炒大蝦、紅湯魚翅、脆皮燒雞、清湯水魚、半席蝦餃、鴛鴦絨鴿、神仙冬瓜、八寶煎鰻、如意片筍、杏仁豆腐、完席不忍（多半是甜點或甜湯，取意圓滿好吃，捨不得離席）。(二)冬荷魚翅、金錢蝦餅、水晶鴿蛋、蔥燒小雞、蘆筍蟳羹、半席春餅、炸鹵香鴨、神鮮白菜、鮑魚燴肚、紅燒鮮魚、杏仁白果、完席酥餅。

　　這樣一桌酒席，要日幣三十圓，是相當高級的。分析菜單，除點心外，兩桌各十道菜，二十道菜中其中不是海鮮類的僅有九道，如雞、鴿、筍、鴨等，當然在冬瓜、鴛鴦、神仙之內仍會有海鮮配料，可見臺菜主要材料是海鮮，烹調方式以湯為主。而且非常重視小吃點心，置諸角盤，食用方便。其次，整個宴席菜餚基本是四冷盤、六湯盤。燕窩是古今名貴食材，是用於最上等的宴席，平常是以魚翅先出的，以後出菜的次序是以湯類與乾類（指煎炒類）輪流出菜；半席出鹹點，再出魚，完席出甜點及甜湯。席上置有所謂的「豎碟」，即蜜餞四盤、水果四盤、瓜子四盤、花生四盤、加上冷盤，是在頭碗菜之前，預先排在桌上的乾菜零嘴料。

　　總之，採取地方原料，發揮鄉土特色，是臺菜的主流，臺灣菜有幾百種之多，實在無法一一列舉，以下就略

記一般臺菜名稱如下：

雞：蔥燒雞、清燉雞、軟燒雞、紅燒雞、白酥雞、生炒雞、八寶雞、草菇雞、粟子雞、凍煮雞、布袋雞等。

鴨：冬瓜鴨、滷盤鴨、香酥鴨、蔥燒鴨、冬菜鴨、過橋鴨、清燉鴨、鹹盤鴨、鹹菜鴨、淮山鴨、陳皮鴨等。

蝦：生炒蝦、燒蝦圓、蝦餅、金錢蝦、童子蝦、鳳尾蝦、冷盤蝦、松茸蝦、咖哩蝦、五味龍蝦、炸蝦酥等。

豬：炒排骨、排骨肉酥、鹹菜豬肚、三仙豬腸、紅燒肉、走油豬肉，粟子豬腳、生炒卜肉、紅燒豬腳筋等。

魚：魚丸、紅燒魚、柿汁魚、炒魚片、大五柳居（指魚類）、清燉魚、炸香魚、燉鱸魚頭、八仙魚鍋、四色魚鍋等。

點心：柴梳餅、馬薯餅、燕菜凍、杏仁豆腐、甜雞蛋糕、韭菜匣（即韭菜盒）、咖哩酥、千層酥、龍角餃、炸春餅、什錦包。

甜湯：杏仁露、甜蓮子湯、銀杏、四果湯、梅仔湯、甜鳳梨、櫻桃、芋泥、花生湯等。

其他當然還很多，大體說來都是用豬、雞、鴨、鴿

肉、魚肉、蛋類、鮑魚、香菇、銀茸、海參、魚翅爲主
體，再配上各種蔬菜與佐料烹調而成。

三牲五醴與食補

　　臺灣的吃，除了日常三餐之外，每逢過年過節、拜拜喜慶，都必定舖張一番，宴請賓客時，以賓客之多象徵家運昌隆，沒有客人即家運衰敗，因此宴席如有空位，隨即加入家人補滿。每月農曆初二、十六，商店都有「做牙」祭拜習俗，店裏員工聚餐大打牙祭，可以說是店主定期慰勞店員，這種習俗，今尚多見。一般家庭，每月農曆初一、十五也有小拜拜，家中大小趁此機會飽餐一頓，正應了一句俗諺「神得金（金紙），人得飲」、「分（音飯）神作福」。

　　由於祭拜的對象不同，因此供品種類就不一樣，大體上有下列數種：

　　牛：以全牛作爲犧牲，限於祭禮的太牢。

豬、羊：以整隻豬羊祭祀，用於大祭典，如神誕、建醮、普渡或生命儀禮中之成年、結婚、做大壽時。

五牲：雞、鴨、魚、豬肉一大塊、豬肝一副（或鴨卵）等五種，用於祭祀玉皇大帝、三官大帝、城隍爺祭典。此外在成年、喜慶、喪葬祭儀中也使用。

三牲：豬肉、雞、魚等三樣，為五牲之簡略，用於普遍祭祀，如土地公、灶王君等。

小三牲：以小塊豬肉、雞蛋代替雞，魷魚代替魚，用於犒軍拜神將、神兵、謝外方時用。

菜飯：葷菜十二種，和油飯，用於供拜祖先和孤魂野鬼。

菜碗：素食菜料十二種，用於拜佛教的釋迦、彌勒、觀音等佛祖。

粿盒：粿盒是用於裝鮮果、糖果、糕點等器皿，用於祭拜家裏神佛。也有習慣上連同供品總稱粿盒。

清茶：以三個小杯裝茶水，用以供奉神佛或祖先，其中也有僅供茶葉（或加水或不加水）。敬茶時間是每月初一、十五，以及三、六、九，也有每日更換，或終年不換者，至除夕才每年換一次。

酒：只要有牲禮的祭祀中，都要用酒來祭拜，酒是不可或缺的供物，俗云「拜神，無酒擲無筶」，即可說明酒的重要性。有時，一時間找不到或買不到酒，則有用生米泡水，仍叫「米酒」。普遍拜神供獻三杯，祭祖七杯、九

杯、十一杯不等。

　　祭祀神靈的供品，主要目的在滿足神靈飲食需要，其中牛、豬、羊、五牲、三牲、小牲、小三牲合稱牲醴。這些供品並不僅用一次，有時可連用數次，即祭完上位的神明後，尚可用來供下位的神，之後更可用以祭祀祖先或孤魂等亡靈，當然最後還是祭拜五臟廟，吃進人的肚皮內。至於釋迦、觀音、彌勒等佛，由於受臺灣民間信仰影響，佛道不分（如觀音媽，又有稱觀音佛祖、觀音菩薩），有時供品也有用葷菜者。

　　對民間一般信仰者而言，祭什麼神用什麼供品，他們只是跟隨一般習俗而做，並沒有意識到為什麼其間有所不同。其實，祭時用不同的祭品是有相當深的文化意涵，是用象徵的方式來表達祭祀者對神靈的不同親疏關係與感情。我們粗略的將民間信仰中的神靈分成：「天」、「神明」、「祖先」、「鬼魂」四大類，則可以在祭祀用品與祭祀場所上很清楚地分別出來。也就是說：「天」、「天公」或「上帝」、「玉皇大帝」神階神位是至高無上的，尊貴無比的，我們自然對祂們必恭必敬，但也由於「天」至高無上，使我們又感到那麼遙遠，超然的，不管人間瑣事的，所以拜天公一定要刣豬公，殺的豬公一定要整隻的表示「完整的」、「全部的」奉獻給最高位的「天公」、「玉皇大帝」，同時表示最高敬意。全豬都未經過烹煮，

都是生的，表示「純潔的」、「未動過、用過的」，不敢妄動，交由天公全權處理，也含有對祭拜尊貴對象一種既疏遠又陌生關係的意義，臺語「生疏」、「生分」一詞既是最佳用語。

再次的「神明」包括一般神祇，既可敬又可畏，祂們經常直接控制人間禍福，所以祭品可用三牲或五牲，但又不完整，雞與魚不必是整隻的，特別是豬肉，都是一大塊，這些「不全」的供品，在祭供之前稍加煮過，半生不熟。像這些都是表示對「天」以下的各種神明與次一等神明的尊敬，同時也因供品稍加烹煮，表示關係較為接近、熟悉、親切。

再說祖先是自家人，更代表一種親密關係，禍福與共，所以祭品大半與家常菜餚無大差別。供的魚肉大都切成可以食用的小塊，而且都煮熟了，這些都表示祖先是自家人，以家常禮對待，平日家裡吃什麼，祖先也吃什麼，在敬意中帶有一番親暱的感情，臺語「熟得有剩」即是此意。

最下的鬼魂是可怕的，表露一種不得不與之打交道，卻又避之唯恐不及的態度，還好已祭祀過神明與祖先，有他們的福佑與厭勝，對於小鬼，態度就較隨便了，一碗白米飯加上一些菜餚就算了，不講究整盤整碗的，最多加上一兩杯酒就很夠意思了，頗有應付之意味。

總之，民俗儀式中，利用供品犧牲祭祀，有兩個基本

原則：「全與不全」、「熟與生」，用全來表示最崇高敬意與地位的高貴，愈不全愈小塊，尊敬程度隨之降低。用生來表示關係之疏遠，用熟來表示彼此關係親近與隨和，所以才會出現「熟悉」與「陌生」的相關語彙，這些是我們現代人在拜拜時應該知曉的，不要再盲目的遵照流傳下來的習慣，而不知其所以然。

臺灣小孩仔的糖果，價錢便宜，花樣又多，尤其是可以吃也可以玩，極富鄉土氣息，以下就介紹幾種幼時常見的糖果。

李仔糖（膠梨仔糖）：將李仔或膠梨子（較小的鴨梨子，一般人誤以為是「鳥」梨仔是不對的，它原本從山東膠州灣出口到臺灣的鴨梨仔，故稱之為「膠」來的梨仔，沾塗上煮好的染紅糖汁，四、五顆粒串插在竹柄上，再一串串的環插在稻草束上，扛在肩頭叫賣。不過，現在也有人沾塗在草莓上、小番茄上，吃起來酸酸甜甜的，過癮極了。

凸糖：糖液中加了少量的「蘇打」，會使糖果凸膨，其用來煮食的鍋子，大多是金屬製的湯匙或碗杯，以烘爐烹煮。小時常與街坊玩伴群聚在亭仔腳一邊煮一邊吃，眼見煮的時候，糖液會逐漸膨脹，深怕其脹破而破功，覺得很神奇也很好玩。

三角餅：煎餅包成三角形，裏頭放著不同的小玩具作為獎品，如鍋片製的戒指、勳章、車子、刀斧，最能引起

小孩好奇。

麥芽膏尪仔：用黃褐色的麥芽糖所做的尪仔人形，也有做成雞、鼠、貓、花朵、水果等各式物樣。製法有兩種：一種是純粹用手工，把麥芽糖膏一揉一捏，拉成各種形狀，再用嘴一吹，就膨脹成各種維妙唯肖的糖尪仔。另一種做法是利用刻有各項形狀的印模，將糖糕灌入，同樣用嘴一吹，吹出印模樣子的糖尪仔。吹出來的糖尪仔頗大，裏頭可是中空的，買來之後，總捨不得吃，一面看一面慢慢的舔，真怕它一下就沒有。還記得小時候新莊以出產麥芽糖聞名全臺，近年已不如昔日。

糖魚：在銅板上，將糖液煮成一枚薄片，糖片上蓋了許多大大小小的魚形印模，或其他動物花草印模。吃時，按照所印的魚形輪廓剝取，不損便可獲賞特大的糖魚，剝壞的人僅能獲取那塊剝壞的糖魚。由於糖片極薄，不容易完整剝下，很少人能成功，所以連大人有時也常喜歡去剝著玩。

膨米香：在路邊常見用一圓筒形加熱器烘烤白米，使白米急熱膨脹而發出「膨」的一聲，令人「既期待又怕受傷害」，所用的米有賣的人自備，也有家庭主婦自家中拿出來給「膨米香」的人。爆出的米香倒在木槽，淋上糖液，切割成方塊的米香。講究的，還加上花生、芝麻，更增口感，如今在臺灣各地還可看到、買到，頗有一番懷古溫馨的親切感，重拾幼時的童趣。

白糖蔥：白糖蔥係裏面做成有氣孔的白糖，其製法仿造製麵，從製造的椅板一次拉開，再一次拉疊，如此反覆把糖抖捏成合適程度，再切成一兩吋大小的方塊來賣，頗似拉麵手法。這需要現場泡製給路人看，吸引路人佇足觀賞，其手法之快速巧妙，至今猶令人印象深刻。

棉花糖：賣者用一種腳踏的機器，倒入砂糖原料，隨著腳踏使染過紅色的糖料像棉花棉絮般地不斷地從轉盤中湧出，迅即用長竹籤將之一團團地滾裹成膨膨的一堆，插在木柄上賣，吃起來軟綿綿，若有似無，沾口即化，百吃不厭。

糯米尪仔（捏麵）：用事先染過色的各種糯米團，捏成各色各樣的動物、人物、花果，做好的尪仔再用植物油塗抹得一身光滑，也有在底座加一鹹鴨蛋，甚受孩童歡迎，惜不能久存。

尪仔糕仔：糕餅印製成動物、水果、人等各種形態，吃時，慢慢從頭部、身體、尾部吃掉，尤其是眼睛部分，另用豆子製成，吃時用手挖起，特別覺得有趣。

畫糖：將糖液倒在塗有植物油的銅板上，再以鐵鏟和木條修飾繪製圖樣，畫好之後，以鏟子將圖樣剝離鏟起，背後黏上竹籤，凝固硬化即大功告成。

隨著時代的變遷，生活形態已轉變，過去農業社會中為我們所習知的民間手藝日漸式微，隨然這幾年政府有心提倡保存，但只有在民俗活動的特定展覽中，才有機會目

睹小時候吹糖人、畫糖人、捏麵人等的純熟手藝,一方面讓現在小孩嘗嘗我們小時候的玩藝,一方面何嘗不是讓我們自身重溫舊夢,回憶那物質匱乏,辛苦卻又溫馨快樂的童年呢!

西方飲食注重營養,中國注重滋味;外國人將烹飪當作科學,中國人則視為藝術,這也許是中西方烹飪飲食文化之不同點。但事實上,早在周朝既設有食療醫官,指導朝野飲食,也可以說自有烹飪以來,國人一直把飲食與養生、療病緊密結合在一起,所謂的「藥膳同功」、「食醫同源」正是此意,有關飲食養生、醫療的論著相當豐富,影響所及,中國人一向即非常重視飲食保健與營養學,只是中國人喜歡用「補」之一字來形容。

滋陰補陽之食補,臺灣人自不例外,一向重視。食補有時節、個人體質之限制,如每當春夏之交,則養脾補腎,專補食慾之不振、營養之不良;或則涼血潤肺,以補身心之過勞,及精力之減退,因此就一般人言,應避食熱性燥性的食物,而多攝取滋陰的食物。此時最常用的家庭食補是豬肚燉四神,所謂四神,便是中藥中的蓮子、芡實、淮山及茯苓。如想省點錢,可用小腸或小肚代替豬肚;反之,講究些,可改為燉鴨或雞,鴨以白鴨而未交配之童子鴨為上選,也可以加入少許高麗蔘,更是滋補。此外,清燉鮑魚、團魚(即鱉)、盅蒸乳鴿及冰糖燕窩,均是此季節上上之補品。

　　在秋季多節之食補，自以壯氣補腎、扶元益血為主，應避食冷性的食物，而多攝取陽性、熱性食物。對於食物的性質，中醫界一向分為冷性、熱性、燥性、濕性的分別，譬如：

冷性者：魚、貝、瓜、青色蔬菜、白色菜根、鴨子、茶、豆腐、豆簽、焿粽等。

熱性者：牛、羊、鹿、雞、鰻、胡麻、燻製品、龍眼乾、米糕等。

燥性者：豬腰、麵粉、土豆、麵類、油炸粿、餅乾、油炸食物。

濕性者：冰類、番薯、龍眼等。

　　一般大眾相信各種食物有其特性，需視個人身體情況而擇食，尤其是病後或產後調養、促進發育、強精健體，均要食補來調養，其原則大約有三：(一)價廉；(二)生產普及；(三)確有功效。我們可以用「便、廉、驗」三字來形容臺人平日食補的特色。一般家庭常用的平日食補品有：

(一)四神糕：以四種雜糧磨粉，混和米粉，加豬油、糖蒸成，主要供兒童增進營養用。

(二)蒸米糕：以砂糖和糯米做成，也可外加桂圓肉與酒蒸成。

(三)燉羊肉、豬腳：也可另加當歸、川芎、白芍、黨

蓼、熟地、炙草、白朮、茯苓、以上八樣,即本省俗稱的「八珍」,再加少許的龜膠或猴膠,以文火煎燉,吃了保證受不了,全身燥熱不怕寒冷。

至於早晨空腹,吃雞蛋泡冰糖、燕窩,或白木耳蒸冰糖,三餐吃喝雞湯、蒸鴨都可以。較名貴的,則有燉鮑魚、燉鱉、燉鱸鰻、燉鴿加人蔘,以及鹿茸、鹿鞭等等,不僅「高貴」,且具極高營養價值。

除此,還有定期食補,如孩童在發育期間,較窮者至少會用蚶殼仔草與酒炒豬肉給孩子吃,有錢人家在孩子「轉大人」時會燉雞角(公雞)摻八珍作為食補,至於女孩子則用公雞與紅麴及蚶仔草共燉之,不過,上述種種食補,絕對禁止同時吃冷性食物,如蔬菜中的蘿蔔、白菜等,民間俗信會抵消補品功效。

臺灣民間平時固然有食補的風氣,但真正重視的,一定要補的,是立冬日的「補冬」。是日家家戶戶宰雞煮肉以佐膳,用意在培養體力以禦寒,也有吃羊肉炒黑芝麻,配上油飯(以油炒糯米、豬肉、蝦米、香菇等混合炊成),據說吃後大可耐冬寒而不怕冷,是真是假,已難知曉,因為在臺灣今天生活豐裕,平日營養已過剩,立冬再補,已難見其效果。

飲食的禁忌與諺語

　　雖說人為萬物之靈，但從呱呱落地，到七老八老，甚至在死了以後，無時無刻不在種種禁忌的約束下、包圍中，小心翼翼地活著，活得有點可憐，有點無奈，有點累。飲食起居，是人類社會至為重要的一個部分，於是在最家常、最隨意的飲食起居，也佈滿了色彩各異的禁忌，使成千上萬的中國人乖乖地跪伏在它的腳下匍匐膜拜。所以古往今來，各族各地，對飲食有許多禁忌和規矩，臺灣自也不例外。

　　由於中國素為農業社會，民以食為天，端賴五穀雜糧維生，五穀具有重要性，於是國人由重穀而惜穀而敬穀，以致於認為浪費糧食十分不可饒恕，甚至罪同「不孝」。這是農業民族常情，因此臺灣民間習俗，也是敬重五穀，諺云：「一粒米，也著幾百粒汗」，故一般民眾常將剩

飯、米湯，甚至洗米水等，都作爲飼養家禽、家畜用，或其他用途，不敢糟蹋。吃飯時，忌將飯粒潑灑掉落桌上或地上，否則必遭父母或長輩申斥，譏爲「缺嘴」（兔唇）。此外吃飯時不吃乾淨，留有剩飯殘粒，必被譏將來娶到「貓仔某」或嫁給「貓仔尪」（麻臉之意，引申爲醜男醜女）。說穿了，用意無非在教訓孩童，自小養成敬惜五穀的觀念。除此，吃飯時還有若干禁忌，以下我們介紹幾種，舉例說明：

(一)忌吃飯時以筷子敲碗，在從前以爲這與乞丐敲打著破碗，沿街唱歌乞討情景相似，頗有不祥之兆，絕對嚴加斥責禁止。除了不能拿筷子、瓢匙敲打碗盆外，也不能用五根手指托著碗底盛飯吃飯，這亦像乞丐捧碗方式，也是在禁止之列。

(二)忌將筷子插在飯碗中間：由於將筷子插在飯碗中間，跟喪俗「拜腳尾飯」時白飯中插一雙筷子相同，像招魂杆，是很忌諱的。同理，飯匙不能插於中央飯鍋中，需平放。此外，不得用一筷扒飯，這跟喪葬出棺時，在棺上置五碗或七碗白飯，上插一筷情形相同，一樣的忌諱。其他如吃飯中間，不准將筷子交叉放在碗上，交叉放筷子表示對飯菜有意見而不吃，這是不禮貌的。

(三)吃飯時不能叫「捧飯」：民間喪俗，於人死後，

每七日做一次祭旬，祭旬日子，早晚以菜飯祭靈，此時喪家弔哭，請亡靈吃孝飯，俗稱「捧飯」。所以「捧飯」一詞於平常日子絕對禁用，招呼人家吃飯添飯，只能說「來捧飯吃」或「捧飯吃」。同樣餐廳吃飯招呼食客，不能用「要不要飯？」，「要飯的」豈不成了乞丐。

(四)少吃牛肉、母雞肉：牛是農耕的勞動力，飲水思源，人們能有口飯，說來還是牛的功勞，因此農民一向不忍吃牛肉，加上歷代政府都有保護耕牛禁殺牛隻的禁令，民間更是不敢吃牛肉，而且江湖術士每每說命盤帶破者絕對不能吃牛肉，更是推波助瀾，使禁吃牛肉的觀念深入民心，民間遂瞎掰出吃牛肉會導致殘廢的說法。同理，基於老母雞下蛋繁殖的貢獻，人們也不忍食之，加上老母雞肉也硬硼硼的粗糙不易下嚥，非不得已才將牠宰來吃，且吃食者以老人為主，否則其他人吃了，會有「粗皮」的反「美容效果」。

(五)忌作豆醬時，月內人（做月子的人，或月經來者）、帶孝者窺視。從前家庭主婦主持中饋，要「第一煮三頓，第二炊粿，第三綁粽，第四作豆醬」，在習俗上，每年從清明節至端午節期間是製作豆醬的時期，材料多用白豆、粗糯米及鹽巴攪拌而成，期間稍有差池，做出來的豆醬不是發

酸即發霉，為了避免事後失敗歸罪於之前有什麼地方不妥當，所以在製作的前七天，禁止「不乾淨」的人偷窺，以免失敗。同時，炊粿時，希望「發粿」，越膨大個人或家庭運氣越好，也忌諱孩童在旁指指點點而「點破」不發，所以炊粿時不喜歡有孩童在旁，大人都會予以趕走。

除了這些飲食禁忌外，臺灣民間流行的農民曆上印有「食物相剋中毒圖解」，註明不得將圖中兩種性質相剋食物合煮或合吃，以免中毒，例如有柑橘與毛蟹、鱔魚與紅棗、生蚵與黑糖、金瓜與蝦等等計有四十五種，但是其中大部分經過食品營養專家測試結果，並不符合，可見食物共食相剋之說，並不完全可靠，也許牽扯到古人防病養生經驗，或因個人體質健康情況而不同。

要之，飲食的禁忌並非一成不變的，古代合適的，現代不一定合適；反之，古代禁忌的，現代則毫無禁忌可言；某些人合適的，也許另一部分人所忌諱的，因時因地因人而有所不同，我們應根據實際情況而選擇，千萬不必過於泥古而「吃這個也癢，吃那個也癢」，到時可真要「死死」了。

諺語是人類生活體驗的累積，凡是文化發展到一定階段的社會，在其日常生活中，都會使用這種特殊語言。這種特殊語言，充分反映著人類社會的描述、智識、歷

史、特性、經驗等都是。這是一項珍貴的資料，因為人類社會的民族構成，歷史的發展，或自然環境、生活方式、風俗習慣等的歧異，形成各國各民族各地諺語的特質，在形式或內容上有著種種差別，所以近代學者在研究歷史、哲學、或社會學、民俗學等學科，都把它視為一項重要資料。

同理，臺灣也有許多關於飲食的諺語與歇後語，反映了臺灣一地的社會狀況與生活經驗，其中頗多有趣益智者，本文就介紹數則於後：

(一)〈一食，二穿〉：形容民生，食第一，穿為第二。當然也是表示吃、穿是很重要的日常大事。

(二)〈一尾魚落鼎〉：要煎要煮，任人宰割決定。

(三)〈一領水蛙皮〉：笑人衣服少，僅有一件像樣的衣服，沒有替換，常在穿用。

(四)〈一身食，三身相〉：相即看的意思，譏笑人只會看到別人吃。

(五)〈一粒米，百粒汗〉：粒粒皆辛苦，勸人不要浪費。

(六)〈一嘴飯，一尾魚到〉：謂人善於計較打算。

(七)〈一樣米，飼百樣人〉：形容人品各有不同，形形色色。

(八)〈一粒田螺，九碗湯〉：湯過多，菜料少，或形

容食少人多，或譏笑人慳吝。

(九)〈一皿魚仔，皆皆頭〉：台語「皆」音「郭」，「都是」的意思，形容一群人都要強出做頭目。

(十)〈一粒飯粒，擲死三隻黑狗公〉：吝嗇之至的俏皮形容詞。

(十一)〈十二月芥菜〉：有心。

(十二)〈六月芥菜〉：假有心。

此外，有關往時本省各地的特產，也有編成歌謠，以下就介紹一首日據時期全臺灣的特產，以今視昔，變化之大，不免令人有滄桑之感了。

臺灣九份出金門，北投山頂出硫黃，金銅出在水湳洞，烏油石炭出瑞芳。山林一帶出木炭，關仔嶺腳出溫泉，北投山腳著燒碗，宜蘭鴨賙甲膽肝。士林名產石角芋，出名椪柑是新埔，金山海口出硃碡，打狗淺野紅毛土（指淺野牌水泥）。麻豆出名文旦柚，竹東山腳出石油，樹林出名老紅酒，鹽埕出在臺南州。臺南生產麻布袋，蘇澳出名大白灰，苗栗竹山出柿粿，南勢出名烏龍茶，新竹出名幼凸粉，過溪番薯較無根，雙園出名麻竹筍，新竹出名葫蘆屯。南部生產番仔豆，鹿港和美出蝦猴，員林庄腳出鹹草，新化線西出蒜頭。深坑淡水出毛蟹，鯗魚出在新店溪，安平海產出干貝，臺北出產茉莉花。內山番界出樟腦，士林名產出甜桃，臺北溪州（今板橋）出石燥（即砂

石），鹿港出名鳳眼糕。溪州出產菜脯干（蘿蔔乾，切細條），東港出名紅蝦米，宜蘭金棗黃肉李，竹山粗紙甲筍絲。新莊出名白紗線，嘉義出產龍眼乾，小梅蓮霧與黃潭，豐原出名五牲盤（祭拜用來盛置五牲的盤子）。

另外，還有一首劉福助唱紅膾炙人口的〈安童哥買菜〉的臺灣民謠，很能表現菜市場的景觀：

「安童哥仔囉，一時有主意，匆匆行，你看匆匆去，上街到菜市，菜籃叮噹耳。安童哥仔囉，雙腳行人到菜市，開嘴叫一聲，頭家目睭叶叶呢。東邊看過來，西邊看過去，舉一目，噯唷，看一遍，彼號肥豬肉，肥嘟嘟，噯唷，瘦的紅赤赤。我安童，開嘴就問起，這號一斤是要哇多錢？刣豬仔兄就應伊，肥的一斤五角二，彼號赤的一斤六角四。安童仔囉，實在有打算，又順便買螺肉，返來去煮赤肉。錢將伊用呼伊乾，順便買豬腳，買鴨腳、買雞腳。安童哥仔囉，水蛙、鱔魚、鱉、伊他項嗎合意，又擱背不去，鮫結在頷頸仔叮噹耳。噯唷，東邊撞過來，又擱西邊撞過去。安童哥仔囉，安童買菜真正賢，味素買返來滲湯頭，彼號罐頭酒，彼號五加皮麥仔酒是食熱天，趕緊買買背背，返來去，安童哥仔囉。」

摘敘了這些俚諺，可以讓我們明白，臺灣有關飲食，有關各地特產的俚諺其實很多，透過這些俚諺，也正反映了臺灣社會百態。

臺灣傳統婚嫁習俗

　　結婚是人生必經之大事，婚禮在中國幾千年來的經驗累積下，形成了一套完備的模式。無論是人類學家、社會學家，都不否認婚姻是人得到配偶，獲得一種新的社會身分的宣言。直到成家立業時，個人才成爲社會的成員。在古代中國曾有過甚爲繁冗的成人禮儀──冠禮，但後來廢弛，婚禮實際上承擔起了成年禮儀的職分。

　　婚禮演變至今日，可以說是實際上包括了成年禮儀，是個人完成社會人角色的必要條件，它標誌著人的成熟，標誌著完全的社會成員身分的獲得認同。

　　所以，婚姻具有重大的社會意義，在中國一向被稱爲「終身大事」。從古至今婚姻大事變化可說甚大，也可說不大。基本上婚禮有所謂「六禮」的六道程序，即問名、訂盟、納采（或稱納吉）、納幣（或稱納徵）、請期、親

迎（或稱迎娶）等六道禮數，每一道都有其特定儀節。惟臺灣自昔多半簡略併爲四禮，即：問名，訂盟（俗稱送定），完聘（合併納采、納幣二禮），親迎（合併請期，俗稱送日頭之禮）。

首先由問名開始談起，在古代問名即是議婚，選女婿選媳婦，自古以來就是遵循父母之命，媒妁之言，是由不得子女意見的。

議婚選對象的條件，往時是「第一門風、第二財富、第三才幹、第四美醜、第五健康」。這些條件，多半是委託媒人代爲調查，當媒婆經過一番汰選考慮後，認爲雙方十分合適，於徵得男女家長同意後，便開始「問名」，即由媒婆交換男女當事人的生辰八字。

議婚之初，或由女方經媒婆請男方提出「字仔」（指記載出生的年、月、日、時的八字庚帖）作爲探聽男方的依據。女方如認爲合適，即將男女當事人合寫一譜，送到男家，否則把原件退回作罷。當然，較多的是先由媒婆送女方八字到男家，男家即放置在神前祖先案上，對神明祖靈焚香卜吉，倘若三支香柱燒得參差過於不齊，便認爲「有長短」，不敢進行婚事。三天內，家裡若有碗盤打破、人畜染疾、爭吵鬥毆、遭遇竊盜、水火之災、狗吠鬼哭等意外事故，便認爲是祖先神靈明示警不同意，則退還八字，此門婚事自然告吹。反之，若三日內一切平安無事，即認爲吉兆，即將男女庚帖送到女家，徵求女家同意

這婚事。然後男女寫八字合譜送女家，女家同樣以雙方八字請算命師判斷，女家再將判斷書送回男方，至此問名的禮節才完畢。

當頭一關「問名」順利通過，議婚成功，下一步就要「送定」、「完聘」。送定即訂盟合婚，係訂婚禮俗。送定後，再經完聘，於是聘禮始告完成。送定前，媒人分別向男女雙方接洽談妥聘金、金飾、禮餅需要若干，並且「比手指辨」，即通知女方，將戒指尺寸量定，以供男方訂做訂婚戒指，以備送定時「掛手指」時用。送定必定選擇偶數的吉日，由男家備送聘禮到女家。過去聘禮大約為：(一)小紅綢；(二)金花；(三)金手環；(四)金耳環；(五)金手錶；(六)金戒指；(七)豬肉、羊肉；(八)禮燭、禮香、禮炮、禮餅、喜酒、糕仔；(九)綢緞盒。

訂婚當天，男女由媒人陪同，男方的父母與親友人數必須為偶數。送定時，男方親送聘禮到女家。然後再由將嫁之女兒出現捧甜茶敬茶，一一介紹予男方親友，喝口茶後，男方親友包送「壓茶甌」的紅包在茶碗裡。

緊接著進行「掛手指」之禮。此時在正廳中央擺好椅子，將女兒請出，面向外坐正，由男方尊長掛戴戒指。戒指有金銅二枚，以紅線繫結，表示夫妻同（銅）心（金）同體的姻緣。戴完戒指，也有又贈一對簪給女方，稱「拜簪仔」，則訂婚禮成。接著女方將男方送來的聘禮，供奉在神明案前，燒金向祖先祭告女兒已完成文定之禮，默禱

此後女兒幸福。聘禮由女方留下部分，另外添上十二件物品作為答禮，回贈男方。男女兩家訂盟儀式過後，女方將禮餅分贈親友，表示女兒已經跟人家訂婚，很快就要出閣了，稱之「分餅」，但僅分給至親好友。

在送定禮舉行過後，緊跟著就是「看日子」。把男女雙方的生辰八字寫在紅紙上，由男方家長請擇日師選擇兩個好日子，一是大聘，一是迎娶。吉日良辰選好後，再請媒人把「日課」送至女方家。

在整個婚禮過程中，大聘禮非常重要，它是古禮「納采」的遺風。男方要準備婚書、禮帖及聘金等物，放在兩人扛昇的櫨上，四周蓋著紅布，由媒人、男方家人、押櫨人作陪。序列為(一)吹班；(二)禮帖；(三)聘金；(四)大餅、荖花、冰糖、冬瓜糖、柿餅、桔餅、麵線、豬羊、福員、糖仔路；(五)閹雞、鴨母、鰱魚；(六)喜燭、禮香；(七)盤頭裘裙；(八)媒人。女方收下這些聘禮後，隨即燒香鳴炮，向神明祖先奉告，次由女兒燒香跪拜，緊隨著以豐盛酒席，招待媒人、吹班、櫨夫。午宴後，女方將坤書（女方婚書）交付媒人帶回。聘禮則按照習俗，或領受一部分，或原璧送回。謝禮、坤書帶回男家後，大定之禮即算告成。男方也將婚書供在神案，祭告祖先已和某家結成姻親。

在親迎之前，還有囉嗦的一些禮俗，茲再合併分述於下。

(一)請期：俗稱提日或送日頭，即由男方擇定結婚佳期，用紅箋寫好男女生庚、迎娶時日的「請期親迎書」、「請期禮書」，再附一些禮餅、禮香、禮燭、禮炮等禮品，由媒婆攜往女家，請求同意。經女方同意，以復書及朱履、棉襖布料等作爲答禮，並隨即將禮餅分送親友，表示日期已定。

(二)轎前盤：乃是結婚典禮前的一道禮儀，意思是上花轎之前贈送女方家長的禮物，表達了女婿爲感謝丈母娘從小含辛茹苦，洗屎洗尿的養育妻子之恩情。

(三)勁轎腳：女子出嫁是人生一大事，因此女方親友特別祝福她，大家特意作轎子的四腳柱子使其出嫁後穩穩當當、平平安安，（當然也有誇耀顯示女方後頭厝實力的意味），因此特別舉行勁轎腳的祝福禮，從「四方」邀集親友，舉行酒宴招待，討個吉利。

(四)裁衣：婚前數日，男女雙方各選一吉時，行裁衣之禮，由福壽雙全婦女裁剪白布，縫製成白衫白褲一襲，俗稱「上頭衫仔褲」，以備舉行上頭戴髻時穿用，女子則另裁製結婚當日穿繫的肚兜，一忌有口袋，以免將娘家的財產及福氣帶走。二忌用兩塊布縫接，以免再嫁。上頭衫仔褲，自上

頭戴髻穿一次至婚嫁當天卸下，直到自己亡故大
殮時再度穿用，期間嚴禁再次穿著，以示有始有
終，不會再婚。

(五)安床：婚前男女雙方皆要打掃屋裡屋外，布置得
煥然一新，大門、房門貼上新對聯，門楣上掛上
一條長紅布，女方忙著準備嫁妝，男方則是「安
床」布置新房。人的一生三分之一時間睡在床
上，床又為男女敦倫傳宗接代的場所，其重要性
可知，因此婚前準備新床舉行安床儀式。安床要
選擇吉日良辰，床的安放位置要配合男女雙方生
辰八字干支，與門窗與神位方向而定，並忌諱與
桌椅櫃櫥的尖角相對。床腳又需安置銅錢八文，
另於床頭床尾壓置銅錢若干枚，諧音取「同心同
體」之意。

結婚的步驟到了最後，當然是迎娶。結婚當天，一大
早新郎便要起床沐浴，盛裝更衣，穿上禮服禮帽，在父親
引領下，祭告祖先，行四拜四叩禮後頌讀祝文，父親拿畫
有朱砂八卦米篩，蓋在兒子頭上，隨即上轎前往娶新娘。

迎親行列順序如下：放砲、前盤、子婿二姓燈、媒人
轎、打鑼轎、鼓吹、娶嫁、新娘轎、小司、禮物。此時新
娘已梳頭盛裝完畢，等待新郎來迎娶。等新郎一到，由父
母引領祭告祖先，最後父親取下女兒珠冠的黑布蓋頭，並

蓋米篩。離開娘家，新娘上轎後，抬行不遠，須丟棄扇子或手帕，俗稱「放扇」，即不再嫁之隱喻，也有丟棄在娘家一些壞習慣，或不帶走娘家福氣之涵義。

花轎抵達男家時，先由新郎下轎，新娘暫不出轎，等良辰吉時一到，男家童子趨前，捧著一只紅漆喜盤，上盛兩枚橘子，請其下轎。新郎則趕緊用腳「躂腳內」三次，以示新郎（此後的丈夫）威嚴。緊接著男家請好命人，請其出轎，好命人拉著新娘的手，把她接出來，頭上覆蓋著竹篩，高高舉起遮著，底下舖著木板或紅毯，不讓新娘「見著天，踩著地」。

新娘下轎時，要故意慢慢下轎，一則表示溫順，一則避免心慌意亂，有失體態，此稱「慢轎」。其次，要跨過燃著炭火的烘爐，一方面除邪驅魔，淨化身軀，一方面子孫繁衍興旺。另外，當新娘要跨入男家正廳時，不能腳踏戶碇，戶碇有戶碇神，更代表著一家的門面，怎能讓新娘「踩定」。隨後新娘被扶入正廳與新郎行交拜禮：一拜天地，二拜高堂，夫妻交拜，送入洞房。到這時迎娶的儀式也告一段落了。隨後是進入新房，「食新娘圓」取意一家團圓與圓滿，之後有「食酒婚桌」之儀，菜色並不固定，只要六葷六素即可。

陣頭、八家將
與巡捕組織

　　根據日據時代《臺灣日日新報》大正十二年（一九二三年）八月十日的報導：「新竹街北門新樂軒，恭迎其軒之西秦莊府王爺，已登前報。去六日午後一時，煙火三發，由行臺起程遶境。是日諸軒員各寄贈音樂隊、南管、歌仔唱、車鼓、採茶歌、獅陣、藝閣、蜈蚣閣、外江陣、其他假裝什劇，並庄下十數陣參加行列，共四十餘陣頭。是日天氣佳良，庄下紅男綠女，到市上觀迎，時壅塞不開。」

　　再如《臺南新報》在昭和二年（一九二七年）三月十五日報導：「新竹北門堡訂古曆二月十八至廿五日之間，分為北門市場營業團、外天后宮團、雜貨商團，籌備詩意廿二架、蜈蚣五架、子弟劇四陣、大鼓隊、其他各數陣，現在設備云。」

　　看到這兩則報導，是否有種熟悉、親切、溫馨的感覺，是的，這正是所有臺灣人從小到大，從生到死，常常在神明慶典祭誕所看到的廟會陣頭實況報導。

　　臺灣各地廟宇的廟會活動和神誕祭儀，幾乎整年活動不斷，而民間戲曲技藝表演，往往伴隨著歲時節令，宗教祭儀、或婚喪喜慶而來。最常見的仍是在宗教祭儀活動中，每逢寺廟神誕慶典、神明出巡遶境或進香刈火，及作醮建醮等盛大祭儀活動，往往可見到一連串陣頭遊藝表演，以及地方戲曲野臺的演出。當然，環繞在廟埕四周的特產，傳統手工藝品、飲食攤位，與其他種種流動攤販，更是吸引男女老少信徒香客，形成熱鬧滾滾的廟會活動。

　　臺灣常見的迎神賽會、寺廟的神明出巡遶境，或進香團的持香行列，遠遠望去，只見一排長長的隊伍，鑼鼓喧天，炮聲盈耳，街道兩旁擠滿了人群，萬頭鑽動，信徒店家擺設香案牲禮，恭迎神駕，好不熱鬧，正是「演劇迎神遠近譁，迎神賽社且高歌。」

　　通常迎神行列，都是以繡有寺廟及主神名號的頭旗，及寫著遊行路線的「路關牌」為前導，是整支隊伍的代表，負責人向行經的寺廟致敬，或向出迎的寺廟陣頭答禮；持頭旗者，必是訓練有素，品德良好的人才能擔任。此外，近十多年來，也流行在旗牌前面多一小丑型的哨兵，俗稱「報馬仔」（其實應是「鋪馬仔」），頭戴斗笠，背負雨傘，脖子圈掛「繼光餅」，腰繫豬腳和蔥枝，

褲管捲起，一長一短，兩足各一不同鞋子，沿途又跑又跳的敲打小鑼，通知大家神明已來了。

頭旗之後，接著是各種陣頭，或舞獅隊、長龍陣，或是鑼鼓陣隊，再接著是曲藝表演的藝陣。這些藝陣的表演，或打諢逗趣，或魚龍曼衍，精彩的表演，使整體氣氛進入歡樂洋洋。尤其一到廟前廣場，或大戶人家門口，即圍成一圈，展開表演，供信徒居民觀賞，並使出渾身解數以博得賞金押爐。陣頭的表演，聲勢熱鬧動作曼妙，自演自娛自樂，娛神又娛人，不僅提供豐富的娛樂表演，更能招徠吉祥，普受歡迎，所以從古以來，每逢迎神賽會，慶典節日，都會邀請陣頭助陣演出，形成如今遍及全臺、洋溢歡樂氛圍的各種民俗遊藝，近幾年更提升為藝術性的競賽。

民俗遊藝種類繁多，在臺灣民間俗稱「藝陣」，藝指藝閣，陣指陣頭。陣頭名堂很多，如今學者有很多的分法稱呼，我個人比較喜歡較傳統的武陣、文陣、喪葬陣、香陣的分法。

陣頭之後，便是由各團體信徒組成的神將會，即各種神偶遊行團體、家將團、莊儀團，包括了神格較低的神祇、主神的部將、護衛，然後才是主神出馬。神偶團體，臺灣俗稱「大仙尪仔」，常見的有神童團、彌勒團、福德團（即土地公）等。

近年的「電音三太子哪吒」，配合現代舞曲擺動，逗

趣有力，配上華麗的戰甲服飾，可愛童稚的偶頭，背後插著五鋒令旗，廣受歡迎，成為臺灣新寵。

最後隊伍在主神之前端必是護駕將軍，例如：媽祖是千里眼、順風耳，城隍爺是七爺、八爺。總之，末尾的神將會具有宗教儀式的濃厚色彩，並非是世俗性的娛樂，同樣的，遊行的陣頭也到了尾端，結束後，人群也逐漸散去，留下滿地的鞭炮紙屑。

臺灣陣頭的發展，不管是陣種、形態，南部要比中、北部來得蓬勃熱絡，煞有看頭。也因此演變至今許多陣頭的歷史淵源遂為人忘記，甚至扭曲說法，家將團的由來即是顯明的一例。

家將團是由人扮成神兵神將的儀式性隊伍，演出時多為八人，故俗稱八家將，但衍變至今出現了八家將、什家將、八將團、官將首的不同形態、不同稱呼。家將團主要功能在於協助主神驅鬼伏妖，是神界的巡捕組織，也是主神的隨從、部將。因此家將團常見於城隍廟、王爺廟、青山王宮等，一方面保護主神，一方面維護地方安寧。近年來南部更發展出新的職務，即祭典開始前幾日，負責護送五營將軍至「境界」外圍的東西南北中的五營紮寨安營，保護祭典期間不受妖魔侵擾，等祭典結束，再到放軍處所一一將五營兵馬收回本廟。

各地的家將團，在武器、面譜和陣式均不相同，並自有一套繁複的出巡儀式與禁忌。大體而言，出巡前三天，

須住進廟中，齋戒沐浴、禁絕酒色。出巡當天，由面譜師為各家將畫面譜時，先行祭拜、寫符、燒符，在各家將面前揮舞，以驅邪賜靈。從開面、上馬、開步、出軍、領令、出巡都有一連串象徵儀式及咒語，在出巡遊街時，進退有節，其陣法、舉步，皆有規矩及內涵意義。在北部以臺北萬華青山宮的八將團，與新莊地藏庵的官將首較有名氣，其實大稻埕的霞海城隍廟也不差。八將組成角色，各地有不同的說法，如：青山宮謂南宋末年，地方不靖，張滾捉拿八名盜首並感化他們，八人以死明志，八人遂成為靈安尊王張滾的麾下八將團。張滾為三國時名將，三國與宋代朝代差距太大，此說真假，一眼可辨，不必多說。

新莊地藏庵倒有一有趣傳說，謂光復初期，原為八將首之一的新莊人黃秋水，有幸認識一外省人，為陸軍少將周漢儀，周氏乃將家鄉習俗傳授給黃秋水，從此增加了「增、損」兩將，形成了外省加本省的「芋仔番薯」的新形態官將首團體。至於霞海城隍廟的說法較為保守、傳統，反而是較真實，接近歷史淵源，即為甘、柳、謝、范、洪、劉、馮、金等八人，八人原是死囚，時值端午，八人向韓德、盧清兩人央求，放其回家團圓，三日之內必定趕回赴死。但八人因故遲回，韓、盧負責，自盡殉職，八人雖趕回，也慚愧自盡，死後成為城隍爺的座下部將。

其實這些都與城隍信仰有關。從明代開始，尊崇城隍信仰，不但塑像、廟祀，並在廟中設座，判案問事，全

仿地方行政官吏設置。迫至清朝，尤爲尊崇，凡地方官新任入境，先謁城隍，然後到任。不但朔望行香，歲增春秋二祭。於是民間信仰將城隍爺和地方官視爲同等，一是陽官，一是陰官，一治明，一治幽，城隍爺又一變爲陰間的司法官，城隍爺座下也有六房科（吏、戶、禮、兵、刑、工），後衍變成六司官、文武判官、牛、馬、枷、鎖、范、謝等八爺（此即眞正傳統八家將之組成），暨三十六部將。正殿內除陰森森的各種塑像外，尚有審問案桌，各種刑具，殿外羅列旗、鑼、傘、鼓、及肅靜、迴避、出巡等執事牌的儀式，無異陽間官署。

明清時代，在衙門裡跑腿打雜一群底下人，通稱衙役、差役、公差、公人，負責抓人、打人、收稅、送信、看門等工作，其中最主要的是三班衙役（即站班皂隸、捕班快手、壯班民壯），及驗屍的仵作、行刑的劊子手、管監獄的禁卒、牢頭等。

皂隸性質接近官員的儀仗隊、警衛隊，負責喊堂威，行刑打人，由於每日輪流值勤站堂看門所以叫「站班」。捕快則是捕役和快手的合稱，負責緝捕罪犯、傳喚被告、證人、調查罪證。這批人尚有一正式名稱應捕人（簡稱應捕），訛音成陰捕或鷹捕（形容彼等陰鷙狠毒），也是輪班值勤，領班的頭兒，稱捕頭、班頭。民間對這些人敬畏如虎，也有尊稱爲快官，今日中部地方仍有快官之地名。

另外，明代在某些重要地區，沒有駐軍，設有地方民

兵，每里徵選若干名百姓，加以組織訓練，分批服役、巡邏城鄉、警戒地方，通稱民壯，隸屬州縣衙門的稱機兵，屬於巡檢司的稱弓兵。到了清代，民壯的武裝力量被改變，變成了負責把守衙門的大門，在衙內巡邏、護衛長官出行、持票執行公務，實際和捕快、皂隸相差無幾。

這批人出身低、姿態高、陋規多，皂隸打人可重可輕、捕快抓人可急可緩、牢頭管理可緊可鬆、劊子手殺人可痛可慢，門子看門可放可不放，端視紅包大小而決定，一直給民間「欺壓善良，作威作福」的刻板壞印象。說穿了，「八家將」即明清衙門巡捕組織的化身縮影，至於居中指桿的「虎爺」，固然自昔為衙役的崇奉神明，但恐怕免不了令人聯想到那班陽間衙役的作威作「虎」、「狐假虎威」、「為虎作倀」了。這也是「八家將」成員為臺灣民間詬病的歷史陰影的淵源。

春季諸神佛之探討

　　臺灣寺廟何其多，從都市到鄉村，從海岸到山澗，有人煙之處幾乎是三步一小廟，五步一大廟，其所祭拜的神明也顯得多元化，而寺廟林立的現象與閩粵移民渡海來臺的歷史有著密切關係。

　　就臺灣民間信仰而言，其特色之一，即是信仰與生活融合為一，形成民俗。之二，是多神信仰，從民間常用的《農民曆》上刊行的諸神佛誕辰表，就是很好例證，因為刊登在《農民曆》上就表示信仰與生活合一，為平日生活所必須知曉；而每月每季這麼多神明的聖誕祭典，即是多神信仰。在農曆春夏之交的諸神佛誕辰如下：一殿秦廣王千秋、濟公菩薩佛辰、福德正神千秋、文昌梓潼帝君聖誕、九天玄女娘娘聖誕、太上老君道德天尊萬壽、三山國王千秋、開漳聖王千秋、觀世音菩薩佛辰、普賢菩薩佛

辰、玄天上帝萬壽、軒轅皇帝聖誕、保生大帝吳眞人千秋、準提菩薩佛辰、天上聖母聖誕等，可以看出儒、釋、道三教合一的現象。本文以閻王信仰、福德正神與文昌帝君爲神明信仰與民俗之探討範圍，作一介紹。

農曆二月初一的一殿秦廣王千秋，與二月初八的三殿宋帝王千秋、二月十八的四殿五官王千秋、三月初一的二殿楚江王千秋、三月初八的卞城王千秋、三月廿七日的七殿泰山王千秋這六位神明，其實就是民間俗傳陰間冥府的六位閻羅王。據說坐鎮第一殿的秦廣王姓蔣名子文，第一殿的職掌，保護生前有善行的陰魂，特派遣護衛，使善魂安然度過十八層地獄，保送到西天極樂世界或南天勝境，逍遙自在。根據《搜神記》記載，蔣子文爲東漢廣陵人，做到秣陵尉，曾逐盜鍾山下，卻不幸額頭受傷而死，等到了三國時代孫權有次出巡，子文乘白馬，手執白羽扇，顯靈於道路旁，自稱爲當地土地神，異常靈顯。孫權乃封爲都中侯，改鍾山爲蔣山（即今紫金山）。至於蔣子文何時提昇爲首殿閻王，難以考察，不過依據《玉歷寶鈔》記載，北宋時即有此傳說，有可能形成於五代十國時。

其實陰間地獄閻王之說，枉死城地獄等等皆源於印度佛教，中國本土的道教吸收了這一理論、信仰，結合中國固有傳統的陰間神鬼信仰，也容納創立了一套陰曹地府的理論，但這套理論信仰，既不是佛教，也不是道教，而是民間信仰。眞正說起來，我們本土的冥府閻羅信仰，反而

是「東嶽大帝」。

中國自古有五嶽之說，泰山爲東嶽，泰山又稱太山、岱宗、岱山、以丈人峰最高，其上有府曰泰山府，主人即是泰山府君，俗稱東嶽大帝。《博物誌》說：「泰山，天地孫也，主召人魂，東方萬物始，故知人生命。」漢代古樂府時就有「齊度遊四方，繫乎泰山籙，人間樂未央，忽然歸東嶽」之詩，所以漢魏之間已盛行「泰山治鬼」之說，泰山爲陰曹地府，人死後魂魄歸屬所在，也因此歷代帝王都要封禪泰山，一方面求長壽，二方面祂爲天地之孫，祭拜祂，求天地賜福，永遠統治人間，鞏固政權。不過到後來，民間傳說一些好官，死後變成「泰山府君」，掌「泰山府君之印」，則東嶽大帝已由原來的自然神〈天神〉演變爲人格神了。

農曆二月二日是福德正神的祭日，在臺灣只有供奉神尊的各土地公廟，一定會張燈結綵，點香燭、供牲禮，舉行祭典膜拜，有時甚至會隆重演戲慶祝。

福德正神即土地公，其由來傳說紛紜，其實是古人從土地能生長萬物，功德厚大，因此封土立社，以爲祈福、報功，「示」字加「土」成「社」字，即祭拜土地之義，簡單地說，土地公源於社神，封爲「上公」，故稱「社公」；後再轉稱「后土」或「土地公」。亦有「老土地」之稱，實乃民間錯以爲「公」指年紀很大的老人，故神像都雕成老態龍鍾，白髮拐杖的老人造型，其實是錯誤的，

「公」乃指的是其封爵秩位，而非年紀。

土地本職掌土地行政，演變至今「有土斯有財」，民間也把祂當作財神來拜，所以有些畫像，神像的造型，一手拿杖、一手執金元寶，即因此而來。

另一方面，臺灣民俗，在人死亡出殯時，行列中也有排土地公神像或儀像引路，兼管陰府報到事誼，可知今天的土地公業務繁忙，兼管「財政、地政、冥政」於一身，所以不要小看他只是個小神，否則「得罪土地公飼無雞」呢！

土地公的祭日是每月的初二和十六兩天，每年的二月初二是最初的「做牙」，又稱「頭牙」，商家店鋪照例要在這天晚上以祭拜土地公的牲禮，招待伙計、房客、親友和老主顧，稱為「造福」，以鼓舞員工士氣、增加主顧友誼。每年的十二月十六日是最後的「做牙」，所以稱為「尾牙」，一般說來農家比較會遵守在每個月的朔望兩日祭拜土地公。一般大眾僅在二月初二、七月初二、十二月十六等三天舉行較正式牙祭，其他日子省略，至現代則僅剩「尾牙」祭典，祭月也不一定是十二月十六日了。

清代時臺北地區的新莊、板橋、大龍峒、滬尾、艋舺等地均有文昌廟，有時被充為學舍，聘請西席在內教育弟子。每年的二月初三文昌帝君聖誕，舉人、秀才、教師及一般讀書人，在這一天要齊集文昌廟，舉行三獻禮祭典。平日各書房，也都供奉孔子或文昌帝君，視他們為文舉、

科舉之神，每天都由學生祭拜，祈佑能聰敏讀書，順利上榜。

文昌帝君究竟是甚麼神呢？民間傳說紛紜，簡單地說，一說爲人神，一說爲天神。文昌帝君之爲人神，據說是西晉莫越雋人（今四川西昌縣）張亞，又名張善勳，後移居四川省梓潼縣七曲山，仕晉戰歿，衆人爲立廟祀之。唐宋時累封至英顯王，道家稱之爲「梓潼」，掌文昌府及人間祿籍。元朝時加號爲「帝君」，每歲二月三日朝廷遣大臣致祭，極盡隆盛。明景帝時於京師新建廟宇，賜「文昌宮」額，此後遂稱爲「文昌梓潼帝君」，略稱「文昌帝君」，奉祀帝君的廟宇簡稱文昌祠。

但是大約宋代以後，突然冒出了五位文昌帝君，即梓潼帝君、朱衣神、魁斗星君、孚佑帝君、關聖帝君、合祀稱爲五文昌。

朱衣神又稱爲朱衣星君、朱衣使者、爲關帝前身元神，協管文昌宮及武曲星，文昌主文運，武曲主財帛，所以朱衣神除本職外，兼佐文昌及財帛。民間傳說宋代歐陽修知貢舉選務時，每次開卷批改，總覺其旁有朱衣人在點頭暗示應該入選，因此歐陽公有詩云：「文章自古無憑據，惟願朱衣一點頭」。其實說穿了是宋代試官喜穿朱衣，取義於「朱衣神佐文運」，故仕人學子因而奉祀。

孚佑帝君（即呂洞賓）爲何列入五文昌之一呢？民間傳說或正史筆記均未提及，暫闕待考。關聖帝君即關公，

據說死後封爲南天門「文衡聖帝」，權衡文運，故奉爲五文昌之一。

魁斗星君又稱爲文魁夫子、綠衣星君、綠衣帝君，一般戲劇開演或春秋三獻禮中有進「魁甲」儀式節目，演魁星踢斗角色均著綠袍，應是「祿」、「綠」二字形相似且音近，聯相附會所致。

此外，相傳梓潼星君脇侍有二從者，一曰天聾，一曰地啞，實附有暗示深意，蓋不願人智慧聰明用盡，故假裝聾啞以寓意，也就是要人大智若愚，大巧若笨，不要炫耀才智的意思，清代鄭板橋留有「難得糊塗」名句，即是此意。

至於天神之說指文昌君，屬紫微垣星。就廣義言，凡司科甲主文運的星宿，皆名文曲星或文昌星，所以「文昌六星，三臺六星、文曲星、天魁天鉞二星、奎宿十六星」等，均稱文昌星。但就狹義言，又專指文昌宮第六司祿星爲文昌，北斗第四天權星爲文曲星。綜合而言之，文昌、三臺、文曲、奎鉞、奎星等，稱爲天上五文昌，現在華人地區流行的紫微斗數，都有這些星座，碰到這些星座，皆表示考試運極佳。

從各項文獻綜合看，很明顯文昌帝君有二：人神指的是梓潼帝君張亞子；天神指的是北斗的文昌六星，不過顧炎武力持異議，他認爲「奎星」才是文章之府，今人以「魁」作「奎」，實在是大錯而特錯，或許古今士子學生

都希望考試能中魁或奪魁，取個好兆頭吧。

太陽星君俗稱太陽公，中國傳統對自然神的信仰，皆會予以人格化，世俗敬稱「星」為「星君」或某公。關於傳統中國太陽星君的傳說有三、四種說法，但在臺灣另有一種說法：據說明末流寇李自成攻陷北京城之前，明思宗崇禎皇帝不但揮劍殺掉自家人，不願他們淪落敵人之手，受到屈辱凌遲，其中幼女某一公主被砍掉一臂，成為獨臂，從此流落民間不知去向，這也是金庸武俠小說《鹿鼎記》、《碧血劍》中獨臂神尼一角的張本。明思宗本人也在煤山槐樹上吊自縊而死，這天正是崇禎十七年（西元一六四四年）農曆甲申年三月十九日，明朝遺老及民間百姓為了哀念先帝之死難日，又為了瞞過清人耳目，乃假託三月十九日為太陽星君（實寓天子）的誕辰而暗祭明思宗朱由檢這一可憐亦復可恨的懦弱無能皇帝，流俗演變，以後臺人遂認為三月十九日為太陽公的生日。從這一點看，民間信仰成為一種社會文化現象，的確是我們民眾心理和民俗習慣的一種反映，直到現在仍繼續影響著我們的生活。

漫談夏季神誕

　　春去夏來，農曆四（巳）、五（午）、六（未）三個月，天氣炎熱，屬於夏季。不過這是以中原地區爲標準的曆法與節氣而說，嚴格地說，臺灣兼有亞熱帶和熱帶氣候，《農民曆》應依臺灣實際的氣候調整而變化，改成以三、四、五月爲春季，六、七、八月爲夏季，九、十、十一月爲秋季，十二、正、二月爲冬季（以下本文皆依農曆而論。）但果眞如此，節氣曆法依各個地區作實際調整，成了各地區不同變化，反而造成混淆，天下大亂，所以整個中國採取統一標準，行之千餘年不變，直到如今。

　　臺灣有一俗諺，謂：「正月蔥、二月韭、三月莧、四月蕹、五月匏、六月瓜、七月筍、八月芋、九月芥藍、十月芹菜、十一月蒜、十二月白（即筊白筍）」。依《農民曆》記載，四月當令的神譜如下：四月初一日爲八殿都

市王千秋，初四日爲文殊菩薩佛誕，初八日爲九殿平等王千秋／釋迦佛祖萬壽，十二日蘇府大、二、三王爺千秋，十四日呂純陽祖師聖誕，十七日十殿轉輪王千秋，十八日北極紫微帝君千秋／華陀神醫先師千秋，二十一日李托塔天王／先天朱將軍聖誕，二十四日金光祖師聖誕，二十五日武安尊王千秋，二十六日南鯤鯓李王爺千秋／五穀先帝（即神農大帝）千秋，二十七日南鯤鯓范五王爺千秋。

五月時，初一爲五年千歲的封千歲千秋／南極長生帝君千秋，初五日五福大帝得道／南天駱恩師聖誕／五年千歲的侯千歲千秋，初六日五年千歲的薛千歲千秋／清水祖師成道，初七日巧聖先師（即魯班）千秋／五年千歲的耿千歲千秋，十一日天下都城隍爺千歲，十二日五年千歲的盧千歲千秋，十三日霞海城隍爺聖誕（也即是台灣五月十三迎城隍的由來）／關平太子千秋，十五日玉女娘娘飛昇，十七日蕭府王爺千秋，十八日張府天師聖誕，十九日九天馬恩師聖誕。

六月方面，初三日韋馱尊佛佛辰，初六日九天李恩師聖誕，十一日田都元帥千秋，十五日無極老母娘聖壽／王靈天君聖誕，十六日先天王天君聖誕，十七日枋寮萬應公聖誕，十八日南鯤鯓池二王爺千秋，十九日觀世音菩薩得道紀念，二十四日關聖帝君聖誕／西秦王爺千秋／雷祖大帝聖誕／南極大帝聖誕，二十六日二郎元帥聖誕。

觀看上列的夏季神誕譜，我們有如下感想：(一)相

對其他月令，神明聖誕祭典相對地減少；(二)出現了非聖誕（生日）的「得道」或「飛昇」的祭典較多；(三)「王爺」及十殿閻羅王的神明聖誕特別多，且集中在夏季；(四)相對而言，較不重要（即香火不旺，信仰不盛）的神明較多。這四個特色，彼此都有關聯，說明如後。

夏季在傳統五行中屬於「火」，此時天氣炎熱，「火氣」旺盛，可以滅水，可以熔金，萬物生長旺盛。但同樣也是病菌、細菌滋生的時候，傳統中國社會公共衛生不發達，因此瘟疫盛行，人畜都易感染生病，故生病與死亡率特別地高，所以像人格神的「飛昇」（實際上就是死亡升天）、「瘟神」的王爺及「千歲」的祭典特別多，且死後要往閻羅殿報到等待審判，因此這類神明多集中在夏季，此其一。

其二，夏季天氣炎熱，臺灣俗語「六月火燒埔」，「夏季日頭燒」，此時每天要「巡田水」除雜草，擔心稻禾乾枯，田土無水，雜草蔓生，侵蝕沃土，正是農事繁忙的時候，無暇顧及神明祭典，因此相對的神誕慶典就少。如此說，或者有些信徒會產生疑問：神明的生日如何產生？除了在歷史上真有其人其事的人格神「神明」，因生前對國家（朝廷、政權）、社會及人民有功勞恩德，死後被人民朝廷追祀紀念成「神」之外，其他神明的由來都是因社會人民朝廷之需要而「製造」出來，傳到後代附會越多，神蹟越多，原先的「一、二傳說」及「模糊身影」也

越來越明確具體，煞有眞人實事的，我個人稱這種現象爲「後合理化現象」。當然，這也表示某種神明信仰愈盛，香火愈旺，傳播愈廣。正因爲如此，夏季農事正忙，中華民族一向又以農立國，所以神明聖誕祭典也相對地少，以免妨礙農事的進行，否則耽誤了農事進行，這責任這罪過，連神明也擔待不起。

其三，但果眞神明偏偏誕生在夏季時，又該怎麼辦？聰明的古人又「製造」了三個「祭典」日子，一是「聖誕」，二是「得道」，三是「昇天」，隨農事的變化需要，分開在不同的季節，不同的日子，以免妨礙農事，當然會有三個不同的祭典日子來祭拜，這位神明的信仰與香火一定極盛，所以需要如此大費周章，來安排分開祭典日子，一方面避免對神明不敬，得罪神明，一方面方便農事正常進行，簡單舉證來說，觀世音菩薩如是，媽祖亦如是。

以田都元帥爲例，六月十一日是田都元帥的誕生日，又稱雷元帥、相公、相公爺（臺灣民間訛寫成相江爺）、田都爺。其實他在歷史上眞有其人，即雷海青，他原是唐明皇（唐玄宗）時的樂工，傳說負責管理梨園。安史之亂後，安祿山要他表演樂技，但不從，罵賊而死。

西秦王爺有的說是指唐太宗李世民其人，據說李世民被封「秦王」而來，全是胡扯一通。其實指的就是唐明皇，他與楊貴妃的浪漫廣爲後人所知，玄宗本人又精於絲

弦音律，組成梨園，訓練出一批批音樂、舞蹈、戲劇人才。不料荒廢朝政，造成安史之亂。據說逃到四川途中，被亂兵追及，幸雷海青顯靈救駕，玄宗才能逃過一劫，當時唐明皇要敕封此神，但此神不肯表達身分，往天空雲端望去隱約出現一「田」字軍旗，但此神其實就是雷海青，因「雷」字帥旗的雨字頭被雲朵遮住，只剩下「田」字尾，所以誤以為此神姓「田」，乃敕封為「田」都元帥，這是一段忠烈的演義，因此後世梨園子弟奉祀祖師爺，稱「田都爺」或「相公爺」。唐肅宗時雷海青追封為「太常寺卿」，宋高宗時加封「大元帥」，故後世合併稱為「田都元帥」。而唐玄宗風流文雅，提倡歌舞音樂，也被後世梨園子弟尊為祖師爺而奉祀，因逃難蒙塵在西蜀，故被稱為「西秦王爺」。

　　兩位神明原是君臣，彼此以忠烈相待，未料在臺灣民間信仰卻成一雙死對頭。原來臺灣民間信仰由大陸華南傳入，每值祭典或娛樂場所均有禮樂伴奏，其中較著名的有十三音、北管樂、南管樂、大鼓陣和慶吊樂。南管樂又稱弦管，是福建閩南地方仍保存流傳的唐宋古樂，清時由泉州傳入本省。北管又分為兩派，一為福祿（路），一為西皮；西皮供奉田都元帥，福祿供奉西秦王爺，兩派因樂曲、樂器、主神不同，在迎神賽會時，明爭暗鬥，爭取觀眾，臺灣俗語「輸人不輸陣，輸陣歹看面」指的就是此戲劇的對拚。

　　那知日積月累造成兩派的拚館械鬥，清末同光年間及日據初期，在北部臺灣屢屢發生大規模的衝突械鬥，傷亡慘重，直到日據時期，因日府的強力壓制，才日漸收斂減少，現代則南北管都日趨式微沒落，而不復見爭鬥的場面，取而代之的，反倒是黑社會幫派之間的械鬥。

　　回顧臺灣歷史，臺灣人老是不團結，從閩客相拚，泉漳械鬥，西皮福祿械鬥，以致如今的藍綠惡鬥，本省外省鬥，本是同根生，相煎何太急，實在令人感慨不已！

五月十三迎城隍
與飛鸞濟世

　　農曆五、六月在台北市有兩個重要祭典，介紹如下。

　　城隍又稱城隍爺、城隍老爺。城隍之名，初見於《易經》一書泰卦之「上六：城復於隍，勿用師。自邑告命，貞吝。」一語，城隍二字原意，城指城郭、城牆，隍為遶城之河溝，有水稱池，無水稱隍；簡單地說，城隍即指城郭溝池。在中國上古時代，山川坊庸，都有祭祀，典秩隆重，旨在崇德報功，其中祭祀城隍之禮由來已久。

　　《禮記》記載：天子大蜡有八，「祭有八神，先嗇一、司嗇二、農三、郵表畷四、貓虎五、坊六、水庸七、昆蟲八。」第六之坊即「堤坊」，可以蓄水灌溉，也可以排水洩洪。第七水庸，庸是城，水即隍，也即是說天子有感於城池的堅固能保障城內的官民、軍隊而祭拜。這是城隍之祭的開始，此時「城隍」扮演著城池的守護神。

　　至於城隍廟之興建，則可以追溯到三國吳孫權時代，到唐朝逐漸普遍，全國各地建有城隍廟，尤其南方吳粵之地，祭祀城隍最盛，而且祭祀城隍也成爲日常習俗，我們可從今存唐人文集中，散見祭城隍文章作爲佐證。而城隍的功能也擴大爲祈雨、求晴、招福、禳災諸項，是城隍又一變爲地方守護神。

　　唐宋以來，各地或以有功德者爲地方城隍神，城隍神又一變爲人鬼信仰。降至宋元，城隍祠已遍及天下，朝廷或賜廟額，或頒封爵，昭重其祀，且列入國家祀典，但也出現了「城隍娶妻」、「城隍寄子」的迷信。

　　迨至明初洪武元年（西元一二六八年），太祖朱元璋曾封京師城隍爲帝，開封、臨濠、和州、滁州、太平等地城隍爲王，各府城隍爲「威靈公」、各州爲「綏靖侯」、各縣爲「顯佑伯」。洪武三年，詔去封號，止稱某府、州、縣城隍之神，廟建於府、縣治所在地。二十年，改建城隍廟宇如官署，設座判事如官吏狀，列入祭典，這也是明清時代出現在變亂時，城隍廟曾借爲衙門辦公之用的原因。

　　及至清代，朝廷尤尊崇城隍，其措施有：(一)通令各省、府、廳、縣建造城隍廟，形成縣城隍→州城隍→府城隍→都城隍（管全省）→天下都城隍（北京首都，管全國）的層級現象；(二)將城隍祭祀列入官方正式祭典；(三)凡地方官新上任，須先卜吉日，親詣各該地城隍廟舉行奉告儀式，再接篆印視事；(四)每月初一、十五，春秋兩

季，中元普渡，赴城隍廟進香。

於是，城隍保障一方，民間也將地方官和城隍視爲同等，一是陽官，一是陰官；一位治明，一位理幽；城隍也被尊稱爲「城隍爺」、「城隍老爺」，視爲縣太爺。城隍既治理陰間，也監察人間的一切，城隍老爺再一變爲陰間地方的司法神，統率文武判官、六司官（延壽司、糾察司、獎善司、罰惡司、增祿司、速報司，又稱六神爺）、牛馬范謝四將軍及枷、鎖二將軍（合稱四爺二將）、暨三十六官將等屬下，管理地方，以求福善禍淫、無災無眚、物阜民豐、地方安寧。

至此，城隍由原來城池濠溝之建築物，一轉變爲器物之神；再由保護城池之神，變爲地方神。而其神功職能，一變爲祈雨求晴招福攘災，再一變爲假神道求治的地方司法神，終成爲護國佑民之神。凡地方官署所在，必有城隍廟之存在。因此，有清一代，歷治臺灣者，莫不篤信城隍之威靈庇佑。臺灣民間也習慣到城隍詛咒宣誓清白，並且有斬雞頭行陰判（或稱冥判）之風俗。惜民國以還，五四運動以來，斥之爲迷信，予以革廢，無復往昔之盛。

臺灣的城隍廟，始建甚早，明鄭時期便有三處，清代大增，論年代，以臺南市府城隍廟最古；論數量，以原諸羅縣轄內爲最。清代官建城隍廟計有：臺南府、臺灣縣（今臺南縣）、諸羅縣（今嘉義縣市）、鳳山縣（新、舊兩城）、彰化縣、淡水廳（新竹）、安平鎮、澎湖廳（文

澳、馬公）、噶瑪蘭廳（今宜蘭）、臺北府、雲林縣、埔里社廳、臺中府、苗栗縣、恆春縣。至於民間所建，有：嘉義中寮安溪城隍廟、南投竹山靈德廟、彰化鹿港城隍廟、臺北大稻埕霞海城隍廟、基隆城隍廟、桃園西廟等。在清代及日據時期，全臺城隍廟祭典最盛，厥推南北兩廟，南是嘉邑城隍廟，北是霞海城隍廟。

　　農曆五月十三日，是臺北市大稻埕迪化街霞海城隍廟的祭日。該廟的香火平常就很盛，尤其祭典日前後，進香的信徒更多，在外地工作的工人，甚至操賤業的婦女，也都回到臺北市。不但臺北附近鄉鎮信徒都來參拜，也有遠自中南部來的，總人數約在幾十萬人之多。在祭典這天，不僅要抬著神輿在臺北市街道遶境，從神隨行的信徒行列有幾萬人之多，而民間團體，各大寺廟也出動神輿、陣頭共襄盛舉，南、北管等十幾個團隊伴奏，並且有幾十隊舞獅隨行表演，還有幾十組藝閣以及化妝隊等等，其行列宛如一條蜿蜒曲折的長蛇，在長達幾十條街道遊行。沿途兩側的家戶，都供牲醴燒香燒金，鳴放鞭炮祭拜。全臺各地商人都乘機前來大稻埕批購貨物，一方面享受大盤商提供的宴飲，一方面參與迎神賽會時的歡樂氛圍，形成世俗與神聖兩種層面的交互運作，使得霞海城隍祭典在數十年中，一躍成為全臺最重要的宗教祭典。大正五年（西元一九三○年），當時臺北煙草工場，曾經對三百多名女工展開口述調查，其中「最高興的事」項目，回答「城隍爺

祭典遶境」的有17人，「城隍爺祭典那天」有4人，合計21
人，可想見在女工心目中受重視期待的程度，因此，《臺
灣日日新報》報導：「夫稻江一市，已爲全島巨鎮。而迎
城隍遶境之舉，饗推全島最熱鬧。」這也引起全臺各地寺
廟模仿學習，形成一股「祭典經濟」的廟會炒作風潮。而
「五月十三迎城隍」也成爲流行全臺的俚語，至今不衰。

　　農曆六月十六日是王天君聖誕日子，王天君是何方神
明？年輕一代知道者不多，其實祂與鸞堂的扶箕活動有莫
大關連。一般說來，臺灣鸞堂供奉主神有三恩主與五恩主
之別，三恩主指的是關聖帝君（即關公）、孚佑帝君（呂
洞賓）、司命眞君（灶君），再加上岳武穆王（岳飛）、
王天君構成五恩主。爲何稱這五位神明爲恩主呢？原來這
與佛教的末世劫數觀有關。明清時代民間宗教認爲人心腐
化，道德淪喪，玉皇大帝震怒，降下諸多天災、地變、瘟
疫、戰爭以懲罰世人，這就是所謂「劫數」，幸有五位神明
向玉帝求情，藉著飛鸞訓示，代天宣導教化百姓，勸人行
善，以消解此一災劫。正因爲有恩於人，於是被尊稱爲「恩
主」，在臺北最有名的代表便是位在民權東路的行天宮。

　　鸞堂是以扶鸞爲主要儀式的宗教團體，扶鸞又稱扶
箕、扶乩，透過鸞筆或稱乩筆（桃木做成的丁字型木杖，
前面有鳥頭鳥嘴，代表飛鸞），在沙盤上面寫字；旁邊另
有唱鸞、錄鸞一一念出，再予以記錄謄寫，最後彙集編
輯，刊印成一本本的鸞書。明清時期這是士紳、文人、士

子之間最流行的遊藝活動，常用於猜測科舉考試的考前猜題，據說頗爲靈驗準確。但在清代臺灣，鸞堂最重要的行善工作是用來宣講教化，在文廟、城隍廟、媽祖廟等香火旺盛，人來人往的寺廟，由「宣講生」負責以聖諭、善書講說故事，推動社會教育，教化人心。在日據時期，爲中國的漢文化與儒家傳統作出重大的貢獻，所以自居爲「儒宗神教」或「聖教」。

說了老半天，還沒說出王天君是何方神聖？五位恩主公中的其他四位神明來歷（關羽、呂洞賓、灶君、岳飛）大家耳熟目詳，獨獨王天君不熟。據《新搜神記》記載：道教中有隆恩眞君，又稱王靈官，俗名王善，北宋徽宗時曾跟隨道士薩守堅（後封崇恩眞君）學符法。明朝永樂年間杭州有個道士名叫周思得，其人擅長王靈官法，附神降體，頗爲靈驗，建有天將廟及祖師殿。宣德中改稱火德觀，封爲玉樞火府天將，遂一變成爲火神，並封爲隆恩眞君，歲時遣官致祭。

從此不斷附會演化，成爲天廷三十六天將之首，爲玉皇大帝宮殿的守衛，傳說祂具有特殊勇力，保衛百姓，爲道觀的門神，如同伽藍、韋馱爲佛寺的門神。在臺灣王天君有特殊的造型，讀者不可不知：紅面，著紅衣兜鍪，滿臉鬍髯高翹，開口，露獠牙，一付猙獰兇惡模樣，最重要的是額頭上還有一顆眼睛，三眼神明也，很多人誤以爲祂是二郎神楊戩，那是誤認了。

鬼月的習俗與信仰

　　中國古代將一年分成從「立春」至「大寒」共廿四個節氣，以表徵一年當中的天文、季節、氣候與農業生產的關連，形成一整套息息相關的系統網絡，在兩千多年來指導中國人生活與農業生產發揮了很大作用，沿用至今。

　　地球每三百六十五天五時四十八分四十六秒圍繞太陽公轉一周，每廿四小時還要自轉一周。由於地球旋轉的軌道面與赤道面不是一樣的，保持著一定的傾斜度，所以太陽光直射到地球的角度一年四季是不同的。以北半球為例，太陽直射在北緯廿三點五度時，天文上就稱之為「夏至」，直射在南緯廿三點五度時稱為「冬至」；太陽有兩次直射在赤道上時，就稱為「春分」和「秋分」，傳統廿四節氣就以這四天為分隔標準，中間再予細分。

　　反映四季變化的有：立春、春分、立夏、夏至、立

秋、秋分、立冬、冬至等八個節氣,其中立春、立夏、立秋、立冬叫作「四立」,表示四季的開始。反映溫度變化的有:小暑、大暑、處暑、小寒、大寒等五個節氣;反映天氣的變化則有:雨水、穀雨、白露、寒露、霜降、小雪、大雪等七個節氣;反映物候變化的有:驚蟄、清明、小滿、芒種四個節氣。

節氣交替時候所產生的氣象變化,特別是溫度、濕度和氣壓的變化,對人體的生理、心理,也就是人的身體健康有極大的影響。因此一年廿四個節氣,每一個月有兩個節氣的變換,每一個節氣應該吃些什麼、做些什麼運動都有講究,再配合上各個節日,因此形成各地不同的民俗生活、起居作息、運動養生、飲食藥品、甚至房中之事,繽紛多采,各有特色。

在臺灣,過了農曆五月五日端午節後,天氣日趨穩定炎熱,秋冬的衣物可以放心的收藏起來。時序進入了「夏至」,顧名思義「夏至」是指「陽剛極至」的意思,臺灣氣溫開始進入最炎熱的階段,由於夏至後局部地區天氣對流強,容易下大雨,這就是臺灣夏季午後常常有短暫雷陣雨,俗稱「西北雨」,西北雨當然不是指從西北方向來的雨,有些老一輩人認為因為西北雨來得又急又快又大又猛烈,宛如「獅豹虎」,以後就諧音並減筆俗寫成「西北雨」。但又因是「局部地區」,形成降雨範圍小,有些地方有雨、有些地方沒雨的現象,這就是臺灣俗諺:「東

閃無半滴，西閃走不及」、「夏雨隔田埂」、「夏雨隔牛背」的由來。又因為下得又急又大又猛，雨水不容易一時排洩出去，所以又有「西北雨，落過無車路」俗語。中國清代規定夏至日前後不能曬布、染布和燒炭，都與其雨勢有關。

　　清代時的臺灣，在農曆六月一日或六月十五日，有過「半年節」的習俗，家家戶戶磨糯米粉、包紅糖花生粉作紅湯圓來祀神敬祖，曾被詩人形容為「街坊金鼓鬧如新年」的熱鬧場面，如今已不見這習俗了。

　　進入農曆七月，臺灣俗稱「鬼月」，因為民間俗傳七月初一開始，地獄開始「開鬼門」，眾家「好兄弟」出來到陽間嬉遊乞食鬧事，直到七月三十日才「關鬼門」，這一個月禁忌最多，諸事不宜，因此要作「普度」祭祀，至七月十五日達到最高潮。這一天是「中元節」，道士要誦經作法，以三牲五菓普度十方孤魂野鬼；佛教僧侶則以百味五菓供養佛祖，稱作「盂蘭盆會」；也就是說，在臺灣，一般大眾已將普度、中元、盂蘭盆會全混在一起，形成三教合一的典範，因此造就這一個月祭祀最多最隆重也最鋪張，相對而言，這個月的禁忌也最多，諸事不宜。

　　在我國傳統習俗，一年之中，除新年祭祖外，每年還有「春祭」、「秋祭」，屆時家家戶戶都要敬神祀祖，後來推而廣之，更進一步舉行「普度」，以普祀非祖先的十方孤魂野鬼。但是道教興起後，則另有解說，他們以正

月十五日爲「上元」、七月十五日爲「中元」、十月十五日爲「下元」合稱三元節，分別是天官、地官、水官大帝的生日。其中天官賜福，天官又名「上元一品賜福紫微大帝」；地官赦罪，又號「中元二品赦罪清虛大帝」；水官解厄，名號「下元三品解厄洞陰大帝」；三位合稱「三官大帝」，又名「三界公」。尤其是「七月中元日，地官下降，定人間善惡，道士於是月夜誦經，餓鬼囚徒亦得解脫」，成爲道教一大盛節。

可巧的是，佛教也在七月半舉行「盂蘭盆會」，據《盂蘭盆經》所記：佛教僧侶從四月十五日起，在寺中持誦經咒，以參佛學，經過九十天後，在七月十五解禁自行，可以四處行走。由於這一天是功德圓滿之日，「此日供修，其福百倍」，加上受目蓮救母的故事影響，於是在七月十五日，以百味飲食安放在盂蘭盆中，供養十方佛僧，祈願祝父母壽命百年無病，無一切憐苦之患，乃至上推七世父母，脫離餓鬼苦道，福樂無窮。再後演變爲布施餓鬼的「普度」，以受供養的食物，設臺施放焰口，普施法食，建立功德。從此沿習而起，留傳日廣，遂成爲習俗。

臺灣民間習俗，從七月一日開鬼門，當天下午家家戶戶在門口，供設五味碗（魚、肉、雞、鴨、茱五類）與糕、粿等祭物，上插一支香，並燒銀紙、經衣，稱爲「拜門口」。另外在門首懸掛「普度宮燈」，上書「陰光普照」、「普度陰光」或「慶讚中元」等字句，下寫「弟子

某某人」，開始普度。此時各大寺廟也豎立「燈篙」，點「冥燈」以招徠荒魂野鬼，並自本月起至三十日止，分別舉行建醮法事，每醮或二、三日或五、六日。

七月十四日，中元前夕，舉行「放水燈」。水燈分成兩種，一為水燈排，一為水燈頭；水燈頭又有圓型、厝型二種，圓型為寺廟所置，厝型為一般民眾所用，厝內貼有紅紙，寫著「慶讚中元」或「普度陰光」，裡面插有一對蠟燭與線香。水燈排又稱水燈筏，是用竹木或鐵枝紮成數百個方格，每格之間掛上燈罩，近代又分成紙燈、玻璃燈、煤油燈，近年改成用乾電池發電。放水燈是在日落後，按照路關所定路線，屆時燈陣遊街，遊行至河邊，由僧道在河邊設祭，誦經作法，焚燒經衣銀紙，隨後鳴炮，首由爐主施放「水燈頭」，繼放水燈排。放水燈的目的在於照明九幽，藉此引請溺死孤魂，浮出陽間，以便普施，享受祭品。

至七月十五日，習俗以是日祖先會歸家，每家自中午開始，在神佛和祖先牌位前上供、焚香、燒金、鳴炮祭拜。七月半祭祀最隆重，是一年之中，規模最大，花錢最多的一個節日，各地爭相舉行普度，施食演戲，鬥奢爭奇，所以政府才會在民國七十年代統一祭典，集中在七月十五日一天內舉行普度。普度分公普與私普，寺廟舉辦的稱廟普，亦屬於公普，祭典規模最大。街庄自行舉辦的稱街普或庄普，另有市場舉辦的市仔普，樂社舉行的子弟

普，以及各行各業的普度，均屬於私普。所以臺諺俗云：「七月和尚、司公無個閒」、「七月半鴨，不知死活」。

　　普度又以公普（廟普）最熱鬧，主要活動有豎燈篙，設普度壇，孤棚、轆棚，並舉行廟祭和搶孤。廟普祭祀結束時，尚有「搶孤」、「搶旗」等儀式，使整個活動達到最高潮，而結束七月普度。過去北部以板橋接雲寺的搶孤最聞名，近年則宜蘭頭城的搶孤活動取而代之。七月三十日為關鬼門，又稱「謝燈腳」，浮上人間的孤魂野鬼，經過一個月供養飽食，心滿意足的在這一天返回冥府，寺廟撤去燈篙，並焚燒路燈，再度舉行祀儀，家家戶戶也焚燒銀紙送行，整個七月（鬼月）普度至此結束。

　　順帶提一句，不要以為整個七月都是陰森森的鬼月，莫忘了農曆七月七日，民間相傳這天是天上的牛郎、織女一年一度的相會日子，俗稱「七夕」，如今年輕的一代只知道陽曆二月十四日的西洋情人節，卻忘了七夕節可是中國的情人節，這一天，臺灣可有許多浪漫的活動呢！

灶君信仰在臺灣

　　農曆八月臺灣的神誕譜依序有：八月初三：北斗星君聖誕／九天司命灶君千秋／九天朱恩師聖誕／姜相子牙千秋／五年千歲徐千歲千秋；八月初五日：雷聲普化天尊聖誕；八月初八：瑤池大會；八月十二日：五年千歲何千歲千秋；八月十五日：福德正神千秋／天然古佛成道／太陰星君聖誕／南鯤鯓朱四王爺千秋／南宮孔恩師聖誕／臨水夫人林姑千秋；八月十八日：九天玄女娘娘千秋／開臺灣鄭國姓聖誕；八月廿二日：燃燈古佛萬壽／廣澤尊王千秋；八月廿三日：恒侯張大帝聖誕／邢天王爺千秋；八月廿四日：南鯤鯓萬善爺千秋；八月廿七日：至聖先師孔子聖誕；八月廿九日：中華聖母聖誕。

　　八月是個月圓人圓慶團圓的好季節，也許如此，才會有許多神明集中在這個月份出生，並且撞期，同在一天出

生（其實是人為的）。

八月初三，是司命灶君的誕辰祭日，不過，也有在十二月初九為灶神舉行誕辰祭典。此神俗稱「灶君」，又稱為司命真君、灶君公、護宅天尊、九天司命真君、灶王、灶君、司命灶君、敕號全稱為「玉清輔相、九天東廚司命竈王真君」，又稱「東竈司命定福真君」，中國北方多俗稱「灶王爺」，其實都是灶神的別稱。古代廚房都在東邊，以便一大早，日頭一出，主婦即起床煮食，故庖廚又有東廚之稱。

中國從商朝起就有「五祀」祭典，五祀是從天子以至庶民都要祭拜的基本神明，即門神、戶神、井神、中霤神（即房神）、灶神，這五位神明是人類一輩子起居飲食出入都要面對的處所。所以灶神即指主掌灶火、司炊的神明，漢代大儒鄭玄說祂是一位「小神，居人之間，司察小過，作譴告爾，灶主飲食之事」，雖是一位小神，却是總管一家大大小小瑣碎的家事，善善惡惡都要升天報告玉皇上帝，決定這一家未來禍福，賞善罰惡，所以幾乎全中國廚房的灶王爺神像旁都貼著一幅同樣的對聯：「上天言好事，下界降吉祥」、「黃羊能致富，青錢可通神」，橫批則為「一家之主」或「司命灶君」，說明祂在一家之中的地位及重要性。所以八月初三，一般信奉民間信仰的家家戶戶都要為灶神供奉壽麵和清茶（素餐而非葷食）、點燭、燒金紙、鳴炮祭拜。

　　真正祭灶的大典是在每年年底臘月的十二月二十四日
這一天，臺灣民間習俗傳說這一天，地上所有的神佛都要
升天，向玉皇上帝報告這一年人間的善惡作為，因此這一
天家家戶戶一大早開始送神的行事，上供、燒金、鳴炮、
焚紙馬，作為諸神上天的交通工具，這處處表達人們希望
諸神趕快離開家裡、人間，人們才可以自由自在，無拘無
束。直到翌年正月初四才返回人間，稱為「接神日」。這
一天從下午四點起家家戶戶供上牲禮、酒菜、果品，並
且焚香、點燭、燒金、放炮外，同時還要燒全幅武裝的
「神馬」、「甲馬」等天兵神將的金紙，以便迎接諸神，
供應座騎搭乘，迎駕返回下界。只是諸神下凡返駕，停留
人間，監視人類，人類又不自由了，所以臺灣俗諺「送神
早，接神遲」，爭取這短短幾天的「自由放監」日子。但
是，演變至今，各地送的神幾乎都只是灶神，所謂送神、
接神，只是「送灶」、「接灶」而已。祭灶是個古老的習
俗，《論語》中還有「與其媚於奧，寧媚於灶」的紀錄，
為何要諂媚灶神呢？傳說灶神是玉皇上帝的兒子，主司一
家人的平安福祿，並負責監察一家人的善惡行為，每年年
底上天報告，再決定這家人下一年度的福祥或惡運，所以
家家戶戶在十二月二十四日祭拜祂，希望祂「上天言好
事，下界保平安」，而且祭品一定要有糯米甜果之類，以
填抹灶神的嘴巴喉嚨，甚至在神像的嘴巴抹上麥芽糖，在
玉皇上帝前說些「糖甘蜜甜」的好話，或在嘴巴抹上一塊

年糕，黏在嘴巴開不了口說壞話。

臺灣雖有奉祀灶神習俗，但不如大陸各省的隆重，雖然大部分家庭在大廳懸有灶神版畫（紙禡），不過多是附屬在觀音、媽祖、土地公、關公等諸神之下，有得更簡單地在大灶上用紅紙寫著「司命灶君」四字黏貼著，每年八月初三灶君神誕，供奉一些清茶、壽麵，並敬獻香燭壽金而已。也有在送神之後，將貼紙撕下燒焚，來年再新寫一張貼上。

不過，這裡需補充做一說明者，在商朝時，灶神與司命有別，且分開祭祀。所謂司命，乃紫微星座中的文昌宮的第四星，主災咎，稱為「文昌司命」。而太微垣三臺六星中的「上臺二星」亦稱「司命」，主壽，稱為「上臺司命」，即《楚辭》〈九歌〉中的「大司命」。而在虛宿北二星亦稱「司命」，主掌舉過行罰滅不祥，又主死亡。因此不論是文昌司命、上臺司命、虛北司命，都與灶神無關，然而演變至今，居然將灶神與司命合而為一，這又是如何演變而來？

商朝是在夏季舉行祝灶之禮，稱為「謝灶」，以後因漢朝陰子方（人名）於臘日祀社，傳說灶神現形，獲福匪淺，後世子孫遂在臘日祀灶。此俗傳開後，祭灶始由夏月改為臘日，祭品亦由簡而繁，由素而牲，又由葷轉素，今日又葷素相雜，隨心所欲。

灶神原為主掌灶火之神，即司炊主神，可能因為東

漢時出現「灶神以時錄人功過，上奏於天，當祀之以祈福祥。」於是灶神職責又多了一項：稽察一家大小善惡。等到漢末道教興盛，道家乃沿襲新說，尊灶神爲司命眞君，俗稱司命，且因主掌九天生籍，故稱「九天司命眞君」，所以從此二神混而合一了。

灶神長相如何？來歷如何？古時傳說灶神是炎帝神農氏，一說是黃帝有熊氏、顓頊氏之子祝融，死後成神。

又說灶神既是古炊母之神，當屬女相；《灶王經》記：「唯此老母是名種火之母，能上通天界，下統五行，達於神明，觀乎二氣，在天則爲天帝，在人間乃爲司命。又爲北斗七元使者，主人壽命長短、富貴貧賤，掌人職祿。又爲玉帝灶君，管人住宅十二時辰，普知人間之事，每月朔旦，記人造諸善惡，及其功德，錄其輕重，夜半奏上天尊，定其簿書，悉是此母也。凡人家灶，皆有禁忌，若不祭之，此母能致禍殃，弗可免也。」又說此老婦別稱「崑崙老母」、「種火老母元君」，職掌又進一步擴大。而且民間傳說用豬頭祭灶，一本萬利；用犬祭灶，兇敗；雞毛不小心入灶，飛來橫禍；犬骨入灶，產生狂子，種種禁忌愈傳愈多，而且也出現了眾多部下，其屬神有天帝嬌孫、天帝大夫、天帝都尉、天帝長兄、硎上童子、突上子宮君、太和君、玉池夫人等等。

到了西晉時期又出現一新傳說，說祂「狀如美女，有六女，即六癸玉女」，又說祂姓名爲「蘇吉利」或「張單（或

禪），妻王博頰，字卿吉」，兒子名「繩」，而且長相也由「狀如美女」的俊秀男子一變爲「烏衣朱冠，其面焦黑」。

在種種傳說中，我個人較喜歡的是臺灣民間的傳說版本：傳說灶神爲玉皇上帝的第三兒子也是么子，自小被溺愛寵壞，長大不務正業，整日遊手好閒，而且喜歡偷窺女神爲樂，引起眾神議論紛紛，玉帝屢誡不聽，最後只好罰祂下界爲灶神。

這個傳說很有意思，一方面擔任灶君，每天無所事事，端坐在上，吃香喝辣，享受每日三餐的供奉，又可監視這家人的種種善惡言行，專打小報告，符合灶王爺的個性脾氣——遊手好閒，專尋小碴。一方面，傳統家庭的婦女每天晚上都要在灶腳洗澡，又可滿足灶王爺的好色偷窺癖好。

不過，最後要說明的是，灶君爲家庭神，在臺灣任何廟宇是沒有單獨設置灶王神像的。而且年輕一輩有時會將灶王神與土地神混淆在一起，因爲兩者的雕像繪像非常相似。要分辨很簡單，可從其穿戴分別，土地公的帽子名爲錢帽或員外帽，前面帽檐兩邊分，中間綴上塊圓玉，有時手裡拿個金元寶。灶神戴的是漢代灶司帽，穿的是漢代衣飾，手裡拿的是玉如意。至於臉蛋，一是老人，有鬍鬚；一是年輕人或中年人，沒有鬍鬚，至於臉色，灶王爺有時是紅色（象徵灶火），有時是黑色（薰黑關係），這就不一定了。

十月下元拜平安

　　過完浪漫的中秋後，接著而來的是九月九日重陽節。中國古人把奇數視爲陽數，所以九九這天就稱爲「重陽」，簡稱「重九」。又因九爲數之極點，在傳統陰陽卜卦術數中，稱爲「老陽」，由一數到九，到了盡頭，又得回到一，陽極必變，盛極必衰，所以「上九」爲易經乾掛中最末一爻，因此中國人過生日過「十」，不過「九」的原因即在此。

　　九是極數，也代表不吉之數，九九更是大大不吉，所以中國自古便相信重陽節這天上天必會降下災厄，習俗相傳，這天大家都要攜老帶幼，登高避難，此後進一步演變成在重陽節登山活動，一方面欣賞秋色美景，一面飲酒賦詩。自漢至晉，遂產生「登高」、「讌飲」、「採茱萸」、「飲菊花酒」等活動；到了宋代，熱鬧尤勝，除了

登高、聚飲外，也有餽贈糕類，舉行齋會之舉。明清之際，重陽節日，隨著漢人移民，傳入臺灣，各地都有舉行登高、放紙鳶的行事。

在前清時代，文人常相約聚會，如新竹的潛園、北郭園、板橋林家花園、艋舺龍山寺、臺南的竹溪寺、法華寺、開元寺、小西天寺等寺廟，每逢重陽，準備酒餚，相約共遊寺中庭園，詩酒韻事，杯觥交錯，流連忘返，其樂融融。孩童們則競放風箏，正是「九月九，風吹滿天哮」，比賽方法有二：一是比賽誰飛得高放得遠；一是相鬥，俗稱「相咬」，誰能咬住對方風箏，讓對方風箏摔落下來，便是勝利，有的附上小鋸子或竹片，俗稱「暗掛弓」，可把對方風箏線切斷墜落，尤為刺激。不過，相對地說，臺灣民間比較不重視重陽這個節日，現在除了偶爾有客家人在這天以麻糬、甘蔗、柿子祭祀神明祖先外，已不見其他活動了。近年來行政院農委會漁業署與臺灣區鰻魚發展基金會訂定重陽節為「鰻魚節」，鼓吹大眾於今日多吃鰻魚，以求長壽，似乎不見功效，在臺灣沒有幾個人知道這新節日。

重陽過後，時續推移，進入冬季。冬季包括立冬、小雪、大雪、冬至、小寒、大寒六個節氣，是一年中氣候最寒冷的季節，臺灣冬季吹東北風，其性寒冷，尤其西部沿海地區，從九月起，颳起風沙，滿天風沙，俗稱「九降風」。「寒」是冬季氣候變化的一個主要特徵，「冬不藏

精，春必病瘟」即要大家補腎藏精，在中醫說法，「寒」
為六淫邪之一，故冬天應保暖避寒，起居宜早睡晚起。

農曆十月，臺灣各地農作物均已收穫，是所謂「秋
收」後的農閒時期，因此祭神拜祖，聘請當地戲班到寺廟
廟埕廣場前表演，以酬謝眾神之庇佑，都集中在這期間舉
辦，稱之為「拜平安」或「做平安戲」。

臺灣先民每逢出海遠渡異域，或撈捕魚獲，必祈求水
仙尊王保佑，十月初十是水仙尊王的祭典，每年進入農曆
十月，臺灣各地寺廟均舉行祈平安法會，大寺廟還有大規
模的「做醮」放水燈活動。水仙尊王是臺灣民間通俗信仰
之一，寺廟中供奉有一尊、五尊之別，一尊者即是大禹；
五尊者為大禹、伍子胥、屈原、王勃、李白的合稱（也有
代以項羽者），大禹治水，功績流傳萬世；伍員屈原，含
冤而死，一浮於鴟夷，一沉於汨羅江；項羽烏江自刎，含
恨離世；李白醉酒，撈月而死；王勃到交阯（今越南）探
親，遇颱溺死。總之，這幾位歷史名人均與水有關，死後
都變成了水神、海神、河神，臺灣民間傳聞凡是在海洋中
遇到險風大浪，只要向水仙尊王祈禱，拿筷子代替船槳，
做出「划水仙」（即划槳）的動作，就能化險為夷，甚至
風平浪靜。

農曆十月十五，俗稱「下元」，與正月十五的元宵
「上元」，和七月十五普度的「中元」，都是三官大帝的
祭日，合稱為「三界公生」。這天是下元水官大帝的誕辰

日，也就是夏朝大禹的誕生日。傳說當天，水官大帝會下凡來到人間，巡視糾察人們的罪惡，所以家家戶戶都要供牲禮、焚香、點燭、燒金、鳴炮，舉行祭典。各地方的寺廟，如土地公廟、媽祖廟、帝君神廟（即關公），也要聘請戲班到廟埕搭野臺表演，神人共娛。尤其在日據時期的臺灣北部，以板橋的水官大帝祭聞名一時，萬衆轟動。

所謂水官大帝祭指的是臺北縣板橋市江子翠的潮和宮，是以水官洞陰大帝爲主神，配祀開漳聖王與福德正神，主神水官大帝的例祭日是十月十五日，年年舉行盛大祭典，屆時供牲禮並演野臺戲或布袋戲慶祝。

這廟的由來有個傳奇神話：話說板橋的江子翠一帶地勢低窪，每到雨季河水即氾濫成災。其時有林溪珍其人，對於這種情形深以爲憂，於是聯合附近的居民，打一方刻有水官洞陰大帝和開漳聖王兩位神明的石碑，樹立於現在廟址上以爲鎮壓，據說相當靈驗，從此以後經常祭祀，後來由村民信徒集合商討，由林稼田、林玉波、楊愛古等人發起，募款合資建廟，以水官大帝爲主神，配以開漳聖王與福德正神。於大正十五年（民國十五年，西元一九二六年）九月興工，同年十月落成。此後廟宇香火日盛，信仰日多，祭典日隆，每年十月十五日的水官大帝祭典成爲板橋有名的祭典，名噪北臺灣。

由於中國人習慣以農曆十月算是進入多季，而在十月初一這天換穿多衣，使用火爐取暖，並置酒筵宴請親友

做「暖爐會」。在享受之前，不免也想到祖先於冰冷寒酷的地下陰間，也要多衣禦寒，進補一下，紛紛燒寒衣紙錢給祖先享用。這種慎終追遠，克盡孝道的習俗，過去臺灣也有，往往在「十月朝」這天，設典祭祀祖先，講究的或至廟中延請僧道做功德，所以我個人常說，台灣諸多歲時節慶的活動，充分表現中國傳統「敬天法祖」的特色，當然從另一個角度而言，開個玩笑，也是被眾多「神佛、祖先」綁架似的一起過節日，很少有單獨的、純粹的「人」過節日。只是演變至今，臺灣習俗只重視上元、中元，下元被忽略，連十月朝祭祖這種有意義的習俗，也被忽略，果不其然，十月開始進入冬季，好寒好冷的十月人世間呀！

龍年說臺灣的
龍信仰

民國一〇一年歲次干支壬辰，屬相為龍。中國古老傳統，將歲次的十二地支，配上十二生肖屬相，即子鼠、丑牛、寅虎、卯兔、辰龍、巳蛇、午馬、未羊、申猴、酉雞、戌狗、亥豬，循環不已。

在古老西方傳說中，對龍一向是一種負面的印象，說牠是會噴火、是吃人的惡龍、妖龍、暴龍，因此出現了許多勇敢冒險的斬龍騎士浪漫故事。

在中國可就不同了，在古人心目中，龍是鱗蟲之長；是水中神物；是四靈之一（龍、鳳、龜、麟）；是一種有角、有鬚、有鱗、有爪的大爬蟲。能興雲下雨、能飛升、能潛水，更是帝王尊貴、神秘的象徵，一般平民百姓不得擅用，但偏偏總希望子女能夠成龍成鳳，（如：藝人林鳳嬌、成龍這一對夫妻的藝名），更希望在辰年生下一大堆

的龍子龍孫。

但問題就來了，十二種生肖動物中，十一種是自然實體，獨獨「龍」不是實有動物，誕生於人的虛擬，成長於人的想像，任誰也沒真的見過龍。傳說中，龍「角似鹿、頭似蛇、眼似鬼、頸似蛇、股似蜃、鱗似鯉、爪似鷹、掌似虎、耳似牛」，可謂集動物的形相大成。因此龍的由來有雷電說、虹霓說、蟒蛇說、鱷魚說。通行於學界的說法，則是由中國上古許多不同氏族、不同圖騰糅合而成的一種綜合體。尤其在上個世紀，二十世紀八○年代，在中國河南濮陽西水坡史前考古遺址發現了由蚌殼堆塑而成龍、虎蚌塑，震驚了人們，號稱「中華第一龍」，似乎古人真的有人見過龍的真實形象。不過，我個人始終相信「雷電說」這個浪漫又理性的說法。

君不見：自古至今，在天空黑雲密布中，突然一道閃電，瞬間而來，瞬間而逝，頗有神龍見首不見尾之意味；緊接著一陣雷鳴，帶來傾盆大雨。那道閃光就成為龍的形體，一陣陣雷鳴，嚇壞了人們，那轟「隆」之聲，就成了「龍」的名稱。天上閃電，是飛龍在天；打擊大地，成了見龍在田；墜入淵潭，成了潛龍勿用；閃電雷擊之後，擊中之人物起火燒焦，自然亢龍有悔（用在丐幫幫主洪七公手裡，就發明了「降龍十八掌」。一笑！）。也因此，龍能興雲作雨，出現了司雨的功能。人們更為龍增添了家族，諸如：蛟龍、虯龍、螭龍、應龍、夔龍等。

　　龍的家族中，最重要的是龍生九子的傳說，俗話又說：龍生九子不成龍，形容這九條小龍形狀性格各異，後來用在比喻同胞親兄弟個性不同，良莠不齊。明人李東陽記龍生九子：(一)「囚牛」平生好音樂，今天樂器胡琴頭上所刻的野獸形象即是；(二)「睚眥」平生好殺戮，刀劍柄上所刻龍吞口即是；(三)「嘲風」平生好冒險，出入風濤，今寺廟宮殿殿角走獸即是；(四)「蒲牢」平生好鳴叫，古鐘上面常見的獸紐即是；(五)「狻猊」，平生好坐，懶惰不愛動，今佛座獅子造形即是；(六)「霸上」，平生好負重，今石碑下座獸即是；(七)「狴犴」，平生好訟，打官司，古代獄門上獅子頭即是；(八)「贔屭」，平生好文章，古代石碑兩邊龍紋即是；(九)「鴟吻」，平生好吃，今宮殿脊獸即是。但龍生九子，到底是那九子，古人筆記小說記載往往不同，例如：同樣是明人陸容的《菽園雜記》則說：「螭吻其形似獸，性好望，故立屋角上」、「徒牢其形似龍而小，性好吼叫，有神力，故懸於鐘之上」、「饕餮性好水，故立橋所」、「螭虎其形似龍，性好文采，故立於碑文上」、「鰲魚其形似龍，好吞火，故立於屋脊上」等等，其他說法還有，茲不多舉例了。

　　提到鰲魚，就不能不提到在臺灣眾多廟宇的彩繪、石雕、磚雕、木雕、水車堵、雀替（插角）常見的裝飾吉祥圖案──鯉魚躍龍門的掌故。

　　相傳龍門是大禹治水時開鑿出的，位在陝西韓城以北，山西河津之西，由於位在黃河下流，兩旁高山相夾，山勢狀若門闕，便是龍門所在。傳說每年春天，黃河鯉魚爭相從海洋逆流而上，凡是能夠一躍跳過龍門，剎時雲雨隨之，天火燒其尾巴，乃化為龍。於是「登龍門」由魚變龍就成了人們祝賀考中科舉，升遷作官的祝福象徵、但是登不過呢？「點額而還」，於是「點額」成了科場落第的代名詞。登龍門後，親朋同僚會舉行「燒尾宴」慶祝，「燒尾」的由來即是前述天火燒鯉魚的尾巴化成龍尾的典故。不過在鯉魚跳過龍門的剎那，魚頭變成龍頭，魚尾仍是魚尾，這叫作「鰲魚」，是全臺灣寺廟登龍門的普遍造型，所以也出現了「獨占鰲頭」的成語，表示其出類拔萃、考中第一名的意思。

　　不但中國有龍的信仰，佛教經典中也有龍王的傳說，隨著佛教傳入中國，與中國信仰結合，出現了四海龍王的傳說。宋徽宗大觀二年（西元一一〇八年），詔封天下四龍封王爵：青龍神封廣仁王、黃龍神封孚應王、白龍神封義濟王、黑龍神封靈澤王，於是普天下紛紛設立龍王廟、龍神廟。更進一步出現了四海龍王的姓名，《西遊記》寫到四海龍王為親兄弟，東海敖廣為老大，依次為南海敖欽、北海敖順、西海敖閏，這「敖」姓如何得來，我們試從「鰲」魚一詞便可以思過半矣！

　　在此鄭重介紹，全臺灣的寺廟建築門神，大部分都是

「風調雨順」、「哼哈二將」、「神荼鬱壘」，僅有新北市三峽區民權老街上的媽祖廟「興隆宮」用的是「四海龍王」造型，據說今湄洲媽祖祖廟的門神也改採四海龍王，即是取經興隆宮。再鄭重一提，全臺龍王廟的龍王神像造型，稱得上最酷最炫的是新北市淡水區的媽祖廟福佑宮，正殿右側（虎邊）的龍王背後插上五色令旗，遊覽淡水的旅客，千萬不能忽略這一有趣的神像，極其逗趣精采！

除了四海龍王、龍王廟外，在臺灣還有一位神明較為人不知，祂就是九龍三公。相傳九龍三公確有其人，姓魏名振，字成賢，北宋廣東嘉應州人，官至雲南五軍都督使。靖康之難，趙構南逃，奔至雲南，當時雲南都督欲加謀害，故意獻有毒美食打算毒害，魏振知其奸，搶先食而暴斃。其後趙構即帝位，開南宋一朝，史稱高宗，追封魏振為九龍三公，御賜沖天冠，滾龍袍。

此神之奉祀，在臺灣主要是嘉義縣布袋蔡姓族人，傳說布袋蔡家乃宋代名人蔡襄後裔，慕魏振之忠烈，家中自昔即有供奉，清初移民臺灣時從老家福建仙遊分香來臺，因此九龍三公成了興化府人及嘉義蔡姓族人的鄉土神信仰，只要有此神所在的寺廟，即可反映附近曾有興化移民或蔡姓人家。在臺灣主祀九龍三公的廟宇不多，除了嘉義布袋外，臺北市艋舺雙園街青龍宮也有，惜數年前筆者前往採訪，主神改祀觀音、媽祖，但祭典日子卻未改，失望悵然而回。

　　除了青龍宮外，在臺灣用「龍」字取名的寺廟更是多如繁星，舉不勝舉，其中以艋舺龍山寺最具盛名，這裡就不多作介紹了。

　　在臺灣學校及地名用「龍」字取名的更多，如：龍井、龍山、龍文、龍安、龍肚、龍崗、龍岩、龍泉、龍洞、龍眼、龍崎、龍船、龍津、龍門、龍溪等等，更是多得嚇人。其中，最有名的是桃園龍潭鄉了，龍潭地名的由來與靈潭陂、菱潭陂有關，閩南語的「靈」、「菱」與「龍」同音，又因此一變為「龍潭陂」，由此更附會出各種神奇傳說，例如說此陂有黃龍出沒；陂南有一泉穴，中有白石，水降石靈，天必下雨；又說天乾旱時，在此潭祈雨，特別靈驗；這些都是鄉野傳說，聽聽就好，不必當真。

　　此外，五月五日端午節的賽龍舟更是一大盛事，在臺灣不稱「划龍舟」而稱「扒龍舟」。臺灣龍船構造，多為樟木製成，長的有十八公尺，短的也有十一二公尺，中央寬約一公尺半，舷高一公尺多。艫有龍頭，舳有龍尾，兩舷繪有彩色龍鱗，並有旗、鼓、鑼、笛等各種儀仗。龍船全身裝飾繪圖，與大陸龍形略有不同，係按「繪龍八法」所畫，先分三停：自頭至膊、自膊至腰、自腰至尾三段，再來就是龍角似鹿角、龍眼似蝦眼、龍鼻似獅鼻、龍身似蛇身、龍嘴似牛嘴、龍鬚似獅鬚、龍鱗似魚鱗、龍角似雞腳、龍騰之火似天火，臺灣龍與大陸龍造型還是有差異

的，至於扒龍船的整個活動內容，在此就不多介紹了！

順帶一筆，臺灣廟宇的前殿柱子，一般人習稱「龍柱」，這是錯誤的，應是「蟠柱」。簡單說，真龍天子五爪，蟠則四爪，過去帝制時代，用五爪可是僭越犯法的，可是要抄家滅族。全中國只有一個人可用，那就是皇上萬歲萬萬歲。

在臺灣「龍」的信仰可談得還很多，呈現「魚龍混雜」的積澱文化，限於篇幅，就此停筆。

漫談門神信仰

　　雙扇爲門，單扇爲戶，門是房屋建築的一個重要構件，入必由之，出必由之，也成了內外的障蔽裝置，換句話說，門具有出入、障蔽、關鍵、區隔、保衛、隱私的多重作用，於是在歷史的發展中又衍生出豐富的文化內涵。

　　例如：門戶爲宅邸出入的第一個顯眼部位，所以要講求「門面」，鼓勵子孫要光大「門楣」，兩家往來婚姻要「門當戶對」；男兒立志要「開大門」、走大路、千萬不要「走門路」、「走後門」；對於敬重的老師要「程門立雪」，老師稱「師門」，自稱爲「門生」、「門人」、「門下」，不幸的話，流於「門戶之爭」；交際往來要「望門投刺」（刺又叫名紙、門狀、門刺、名帖、拜帖、名束、即今天的名片）。

　　門又設有機構官職，如：黃門侍郎、門下省等等；

皇帝天子要「御門聽政」，惹火他，推出「午門斬首」，更嚴重地「滿門抄斬」，歷史上也發生了兄弟自相屠殺的唐太宗「玄武門之變」與明英宗「奪門之變」，為的是可以在金鑾殿上坐龍椅，望著午門外群臣三跪九叩，口呼萬歲萬歲萬萬歲，一座午門代表了宮廷、代表了帝王的象徵符號。門也成中華傳統文化重要組成部分，出現了許多禮俗、民俗、神話、信仰與禁忌。

　　如上所說，門是居處與外界的通路，為日常出行返歸所必經，可以控制內外交通，具有外防內守、保障居所的安全，所以自古以來要「嚴守門戶」、「小心門戶」，在世間有了門丁、門衛、內房等門人的角色。在無形的大自然界就有了門神的設置與信仰。

　　古人宗教信仰，是相信萬物有靈的泛神論，《禮記・祭法》說：「大夫立三祀，曰族厲、曰門、曰行」，而我們這些平民百姓僅能「祭五祀」，五祀即門、戶、井、灶、中霤（即房間），這就是門神、井神、灶神、土神最早的濫觴，而祭祀門戶的古風，隨著歷史發展也將門神的信仰習俗包融在內。門神本是一個空泛的通稱，可是愈到後來愈援引歷史與傳說人物附會填充，形成了一套龐大複雜的「門神譜」，那麼中國最古老的門神、傳說是誰呢？恐怕非推神荼鬱壘不可，在《山海經》、《黃帝書》、《論衡》等古書有如下記載：

　　話說上古時代，在東海之中，有一座度朔山，山裡

有株大桃樹，繁枝蕃蟠三千多哩，桃樹的東北有個「鬼門」，是所有鬼魅出入之所，那裡有一對兄弟叫神荼、鬱壘，負責監管統領眾鬼，凡是危害人間的惡鬼，他們用蘆葦製成的繩索，綑綁交給樹下老虎吃食。這是後人門戶畫神荼、鬱壘與老虎的由來。

這段古老傳說，形成了後世很多習俗的淵源，例如：俗謂人怕鬼，鬼怕虎，虎吃鬼的民俗觀念。又如：道士以桃木製劍以斬鬼驅魔，甚至引申出一段說法：「桃者，五木之精也，故壓伏邪氣者也。桃木之精生在鬼門、制百鬼，故令作桃人，梗者門之以壓邪，此仙木也。」桃木成了仙木，故能治鬼。而神荼、鬱壘的傳說更深入人心，全中國的寺廟、百姓住宅的門神繪像幾乎絕大部分是兩人，問題是兩人怎麼區別？簡單，請記住，左邊（龍邊）神荼，右邊（虎邊），是鬱壘。

除了畫神荼、鬱壘、及二虎為門神之外，大約到了魏晉時代，又出現了畫公雞成為守門辟邪的門神，其形象據《荊楚歲時記》載：「帖畫雞戶上，懸葦索於其上，插桃符其旁，百鬼畏之。」這個習俗由來也有個傳說，晉代郭璞《玄中記》講：在中國東南方有座桃都山，上頭有株大樹，名曰「桃都」，樹枝繁衍三千里，樹上有一隻天雞，每天日出，太陽光照到樹木，天雞即鳴，天下群雞也跟著啼叫。下有二神，左名「隆」，右名「突」，並執葦索，監視不祥的惡鬼，予以制裁押煞。

　　很明顯這則傳說是前述度朔山傳說的翻版，只是多了隻「天雞」，這隻天雞，其實就是太陽——金烏的化身，日出光明，一切黑暗鬼魅皆無所遁形，雞鳴日出，鬼魅消退。加上「雞」與「吉」諧音，更受民眾歡迎，也成為門神繪像之一，直到今日，臺灣民間還有如下傳說：正月初一為雞生日、初二為狗、初三為羊、初四為豬、初五為牛、初六為馬、初七為人。於是每年正旦畫雞於門，新的一年就開始了。

　　到了唐宋，中國的門神又多了一位打鬼英雄——鍾馗。鍾馗的形象在民間是如此的：穿紅衣，滿臉鬚渣，置身眾鬼之中，役使小鬼為他抬轎舉傘，隨他出遊巡視人間抓拿惡鬼，鍾馗嫁妹的趣味傳說更是在民間廣為流傳。

　　鍾馗傳說的由來，據宋朝沈括《夢溪補筆談》記：唐明皇時代，有一年駐蹕驪山，回京後生病了，病了一個多月，找了眾多的道士、巫醫都不能治好。有一晚做夢，夢見有大、小兩鬼，大鬼「戴帽衣藍裳，袒臂鞹雙足」，抓住小鬼，挖掉雙眼，將牠撕裂吃下。唐明皇問他是誰，這人回說臣叫鍾馗，是住在終南山，武舉沒考上的人，發誓為皇上除盡天下的妖孽。明皇夢醒，居然病好了，身體更加健壯。於是下令吳道子按其夢中形像畫出，下令有司，昭告天下，每年歲暮除夕，家家戶戶貼鍾馗畫像，以袪邪魅，靜妖氛。

　　逐鬼驅魅外，鍾馗傳說，後世又多了一個「嫁妹」

故事，其實「妹」就是「魅」，嫁妹嫁妹，即用平和的手段將「鬼魅」嫁出去——驅逐出去也，問題是嫁入的夫家可就倒了霉，若無夫家，在人間到處漫遊，那可就更麻煩了！

鍾馗浪漫有趣的故事，偏偏被明末一位大儒顧炎武不識趣的考證拆穿，他說鍾馗即「終葵」，終葵即是用桃木做的大木椎，古代舉行驅疫逐鬼的大儺儀式中，有一段用揮舞大木椎來搥打驅逐厲鬼的儀式，大木椎成了象徵法器，而山東一帶的人，方言稱「椎」為「終葵」，於是由「木椎」而「終葵」而「鍾馗」，出現了鍾馗這個傳說人物。讀者諸君且莫管這段煞風景的考證，君不見自從美國阿姆斯壯登陸月球後，咱們還是照常過咱們的中秋節，嫦娥故事照常流傳的！

唐代還出現了最重要的一對門神——白臉秦瓊（叔寶）、黑臉尉遲恭。到了明代，這傳說被吳承恩寫入《西遊記》，隨著小說的流傳，家喻戶曉，成為婦孺皆知的守門神，在此為省篇幅，不再敘述一遍，請各位讀者翻閱《西遊記》第十回便知詳情。在《西遊記》中吳承恩描述秦瓊、尉遲恭執金瓜鉞斧，甲冑齊整，這段讚詞，從此成了全臺灣寺廟門神秦、尉二人的標準造型：「頭戴金盔光爍爍，身披鎧甲龍麟。護心鏡幌祥雲，獅蠻收緊扣，繡帶彩霞新。這一個鳳眼朝天星斗怕，那一個環睛映電月光浮。」

　　不過讀者諸君可能只知其一，不知其二，秦、尉二人守前門，那後門呢？《西遊記》續記魏徵負責守後門，從此中國北方的後門貼的門神就有了魏徵或鍾魁二人之一，流傳至今，不過，此種習俗並未在臺灣流行。

　　唐宋以後，門神譜系可是愈來愈多，眞是「族繁不及備載」之嘆，其中有「趙公明與燃燈道人」、「孫臏與龐涓」、「伍子胥與趙雲（子龍）」、「蕭何與韓信」、「馬武與姚期」、「關羽與關平、周倉」、「裴元慶與李元霸」、「孟良與焦贊」、「岳飛與溫元帥（瓊）」、「徐延昭與楊波」等，多是歷史人物或小說人物，造型多樣，或坐或立、或徒步，或騎獸，或襟袍、或披甲，手中所執法器更是多彩多姿，這些人物的傳說就不一一介紹了，在此僅針對佛寺門神哼哈二將再作一簡單介紹。

　　佛寺門神其實應是二大金剛力士，又稱金剛神、金鋼夜叉、密迹金剛，執金杵以衛護佛法。可笑的是哼哈二將卻是從《封神演義》而來，二將即鄭倫、陳奇，學有異術，爭戰時分別以「哼鼻」、「哈氣」取勝，一哼一哈彼此不分勝負。等周滅商，姜子牙勅封兩人鎮守西釋山門，宣布教化，保護法寶，成了哼哈二將門神。

　　臺灣門神多見於寺廟，一般民戶少見張貼門神年畫，尤其受了現代西式建築之限制，多是單門單戶，更無後門，過年少了貼門神年畫的樂趣，只有靠逛寺廟參觀了。

　　臺灣寺廟門神其實種類不多，如宮女太監、四大金

剛、四大天王、四大元帥、風調雨順、神荼鬱壘、秦瓊尉遲、哼哈二將，較特別的是我曾在臺南某寺廟見過三十六官將、鹿港地藏廟的官銜捕快，及某廟不知名的文丞武尉、三峽興隆宮的四海龍王和北港朝天宮二十四節氣門神等等。總之，論全臺各地，我個人推薦鹿港小鎮是較值得參觀的地方，何況名匠輩出，繪法出色，獨領風騷！

馬祖列島的
蛙神信仰

　　馬祖列島位於臺灣海峽西部，中以南竿島爲中心，共由三十六座島礁串聯而成，雄峙閩海，氣象萬千。北起東引鄉，南抵莒光鄉，陸域面積狹窄，僅有二十九點六平方公里，但海域面積卻廣達六千五百二十平方公里。原來行政區隸屬福建省長樂、羅源、連江三縣；民國三十八年，國共內戰，國軍退守臺澎金馬，將其合併歸入連江縣管轄，統稱爲「馬祖列島」。

　　馬祖列島西鄰東海海域，與閩江口、連江口、羅源灣、三都澳近在咫尺，向北延伸至浙江舟山群島，是著名的漁場，往東北抵達琉球群島，向南跨越福建平潭、湄洲、南日諸島，西南則朝向臺灣，至基隆一百一十四海浬，距金門一百五十二海浬，去澎湖一百八十海浬。與大陸一衣帶水，隔海相對，並扼閩江口，上可通上海、寧

波，下可達廈門、南洋咽喉，又地當臺灣海峽海運要衝，自古以來即是海防要地。

任何一地的民間信仰，都是在一定的自然地理和社會歷史條件下產生和發展起來，馬祖列島民間信仰自然也不例外，由於馬祖列島特殊地理位置，同時又擁有河海交匯的特性，生態環境自成系統，造就馬祖列島居民的生活形態及民間信仰。這種民間信仰，與我們自小熟知的閩南、臺灣的民間信仰有很大的差別，可以說是目前政府統治地區中唯一非閩南文化區，這也是連江縣政府行銷馬祖列島文化、休閒、旅遊宜多著墨之處。

尤其民國三十八年國府遷臺，金門、馬祖被列入軍事管制區，長期隔絕臺澎金馬與大陸往來交通。馬祖地區既被切斷和福建閩東的關係，又和臺灣本身的閩南主體文化隔閡，四十年下來，終至形成特殊的文化區，不僅文化發展顯得保守滯停，民間信仰更趨向封閉拘謹的狀態，但好處是也相對地保留相當濃厚的地方色彩。這與「臺、澎、金」是不同的，也是馬祖民間信仰的特殊之處，其中馬祖北竿芹壁村天后宮內供奉一尊「鐵甲將軍」即是一例。

鐵甲將軍是何方神聖呢？其實就是青蛙神。當地傳說，清代時某一年有海盜船來犯，遠遠看到澳口布滿雄兵壯軍，嚴陣以待，使得海盜們知難而退了，而保全了芹壁村。事後得知是鐵甲將軍顯靈保佑，從此鐵甲將軍成了芹壁村的保護神，芹壁的青蛙神愛喝酒、愛看戲。當地居民

多年前曾專程到福建武夷山尋根，在六曲找到青蛙石，又在金雞社尋得祖廟遺址，民國八十九年還組成進香團，前往武夷山朝聖立碑。

在古代福建地區棲息生活的是閩越族，也是所謂「百越民族」之一。在百越民族中，有不少民族信奉青蛙圖騰，閩人的青蛙圖騰崇拜也如是，不僅可追溯到新石器時代，隨著時代的演進變化，演變成青蛙神崇拜，直到現代閩江流域還有許多青蛙神廟宇。

青蛙及其同類動物的蛤蟆、蟾蜍，是隨處可見的兩棲動物，尤以南中國地區的水田稻作地帶特多，而百越諸族是較早種植水稻的民族，在長期的生產實際經驗中，他們發現每逢青蛙鳴叫，預示著雷雨即將來臨，便以為青蛙能呼風喚雨，為祈求農作物豐收，便自然形成對青蛙膜拜的信仰。

不僅如此，在中國古書《韓非子》、《吳越春秋》、《伊文子》、《越絕書》中，同時有記載越王勾踐禮敬道路旁青蛙漲腹怒鳴的勇士精神，以鼓勵越人尚武勇戰之精神。青蛙為越王禮敬，上行下效，更廣為閩越百姓崇拜。

到了魏晉時代，青蛙信仰不斷被神化、深化，如《要覽》、《抱朴子》都記載說，壽命長達萬歲的蟾蜍，頭上有角，頜下有丹書八字，稱為「肉芝」，以五月五日取得陰乾，研成粉末內服，可以避邪、避兵，還能長壽；甚至《香案牘》記載，王喬其人服食「肉芝」、「以仙去」，

換句話說，吃蟾蜍還能成仙，於是青蛙又多了一分「仙氣」。今天我們臺人稱青蛙為「水雞」，將蛙類動物當作滋陰療病的滋補品，恐怕背後還有一番神話信仰，只是不為人所瞭解。總之，閩越百姓把青蛙視為靈物之一，相信吃青蛙可以吸取其身上神秘力量，使自己更強壯，不受邪魔外道侵襲。

演進到清代，青蛙的傳說愈多，神力愈強，如《閩雜記》說牠「其形時大時小，所至之家，必為喜慶；若止廟社官衙，亦主地方安穩。」《述異記》說牠「土人水旱疾疫，禱之輒應。」甚至在《閩都別記》中，出現青蛙神大戰江西龍虎山張天師的故事，結果蛙神之輩大勝，張天師失敗，成了無奈無能之輩，同書中又出現蛙神大鬧明代永樂帝皇宮，面斥永樂帝殺侄篡位的故事，蛙神又成了正義之神。閩西地區更把青蛙附會成為二十八星宿的「奎星」，又成了考試必拜的神明。

不過，最有名的故事是蟾蜍咬錢的傳說。《閩都別記》第三十八回記：劉海的父親為官貪財，每逢打官司，有錢判贏，無錢判輸（臺灣俗語則是有錢判生，無錢判死），冤判無數，冤魂哭訴閻羅王，閻王大怒，拘捕入冥，並罰他變為蟾蜍，永遠沉淪穢海。劉海為救父超度，前往黎山老母學法術；老母教他一法，劉海鑄一金錢，綁上一長繩，拋下穢海，其父見錢眼開，咬住不放，遂得以吊起超離穢海。從此，蟾蜍咬錢，成了閩臺人士招財進

寶，大發利市的吉祥圖案或象徵。只因劉海（蟾）是八仙之一，遂被納入民間信仰，這故事背後本是諷刺貪官污吏「死」要錢的典故，今人供奉蟾蜍咬錢，又成了反諷的一例。

在臺灣有關青蛙的民間傳說很少，除了憨女婿、李門環的混合體民間傳奇故事外，在南部尚有一傳說，略謂某廟有一老和尚，存有數十年的金錢，將其打造成金條，隨身攜帶。一日不見，憂愁萬分，終於成病。後來小和尚在某個角落發現一蛤蟆叼著一口袋，取出一看，正是老和尚丟掉的金條，跑去告訴老和尚，老和尚從床上一躍而下，病體也好了，只是再尋那隻蛤蟆，卻不見了。

從近代青蛙種種民間傳說，都扯上金錢財寶，當真是俗之又俗，不過這卻也是民間信仰的真本性，錢之為物，人人見錢眼開，咬住不放，至於禮義廉恥，再說吧！

再談馬祖列島的民間信仰

　　前文已談到馬祖列島的民間信仰，並不是我們平常所熟悉的閩南信仰。因此，馬祖列島的民間信仰，我們可以歸納出如下不同的幾點特色。

(一)福州與閩東信仰特色

　　馬祖列島諸寺廟所奉主神，很多不是閩南、臺灣民間信仰中所熟知的神明，諸如水部尚書公陳文龍、五福（或稱五顯、五靈）大帝、楊公八使法師、白馬尊王（三郎）、澳囝大王、平水尊王、邱元帥、華光大帝、威武陳將軍等等不同神明。即使是與閩南、臺灣民間信仰相同的神明，有些稱呼不同，傳說、來歷、故事也不同，這些神明的由來，有浮屍立廟、祖廟分香、漂來神像等等不同的來歷，但總的說來，含有濃厚的福州與閩東的民間信仰特

色。

其根本原因與馬祖列島自然地理環境有關外，最主要還是與地緣、血緣、商緣有關。由於馬祖列島位於福建東南沿海，居民大多是明清時代從福建省長樂、連江、羅源等三縣（加上少部分的閩南人）移民過來，所以長久以來，其語言、生活、風俗、建築與信仰，均深受閩東文化影響。後來又受到兩岸的對峙與分裂，使馬祖長期成為戒嚴軍管區，故使其閩東沿海地方傳統文化風貌得以長久保存，並獨樹一幟，與臺灣不同。又因為居閩江外口及進出福州省垣的衝要，同樣地，也深受福州文化區的影響。這裡，簡單舉幾個例子說明，例如：南竿津沙天后宮現存清代道光年間的捐題古碑，捐款的信眾頗多是「連邑」人（即連江縣）、「長邑」人（今長樂縣）、「閩邑」人（今閩縣，即福州）。又如經大陸學者徐曉望的考證，馬祖蛙神信仰的傳播路線是由福建武夷山→南平樟湖坂→閩江沿海→福州倉山→馬祖北竿島。水部尚書信仰是由莆田→福州→馬祖北竿島。白馬尊王信仰是由福州→長樂（今連江）→馬祖列島而來。舉此數例，可概見其餘，從而可以確定的確深受福州、閩東的民間信仰影響。

(二)浮屍立廟情形特多

臺灣學者林美容及陳緯華在〈馬祖列島的浮屍立廟研究：從馬港天后宮談起〉一文中，指出馬祖的廟宇神明來

源可分爲六大類：祖籍地帶來、浮屍立廟、漂來的神像立廟、本境各大王、狐仙、上身。其實這種分類頗有許多重複、彼此糾葛在一起的神明。但大體說來，浮屍立廟情形的確很多，主要例證有下列諸廟：后澳楊公八使廟、橋仔白馬尊王廟、高登島大王廟、亮島大王廟，馬港天后宮、牛峰境廟、福澳地母廟、梅石澳高王爺廟、科碤澳文武白馬大王廟、青帆陳元帥廟、田澳蕭大哥廟、柴澳張將軍廟、清水澳忠義廟等。

重要地是，以上這些不是小小的角頭廟，而是地方的公廟、香火廟，也是祭祀圈的信仰中心；香火旺，具有重要代表性。更特別的是這些廟宇多數是（更精確說法「變成是」）陽廟，廟宇建築不像臺灣陰廟系統的三面壁一面無門的小祠小廟，而是有壁有門的小祠大廟，被奉祀者都有神像，並且配祀其他常見的正神，所用紙錢也是「金紙」而不是「銀紙」，與臺灣的陰廟信仰極爲不同。

而這種由浮屍→厲鬼→厲神→鄉土神的演化過程，馬祖學者王花俤曾撰文說明。他指出在馬祖習俗中，有人意外落海溺斃，其屍體不能從村落經過，更不能在村落裡設靈堂舉行喪禮。由於馬祖人相信「兇死」的厲鬼帶有極重的煞氣，而且會「討交替」（即討替身），所以在出事或發現浮屍的地點，鄉民會集資立小祠（此時屬陰廟），不時奉祀以保平安，不要作祟，免去騷擾，這點倒是與台灣西部沿海口岸眾多的姑娘廟、有應公祠、水流公祠很像。

後因發生諸多靈驗事蹟，便被擴大建立成較大祠廟供奉。久而久之，因神蹟靈驗愈多，相信奉祀的信徒也愈多，香火更加旺盛，再屢屢附會以各種靈異傳說，逐漸轉變成保護地方的鄉土神，原本零星的祭拜及普度，也轉變爲地域性公衆的定期祭典，共同祭祀體也形成，進一步形成組織，出現了爐主、頭家負責主事祭祀者。到此，完成了由溺屍→厲鬼→厲神→鄉土神（正神），陰廟→香火廟→角頭廟→（陽廟）→村廟或公廟的演進過程。

(三)保留淳樸的民間信仰

眾所周知，華人社會的神靈信仰多如牛毛，大概而言，可粗略分爲神、仙、佛、鬼、妖。而且民間信仰相對正式宗教而言，有如下不同的區別：(一)不具有信仰組織；(二)不具有信仰至高的偶像；(三)不具有支配信仰的權威；(四)不具有完整、哲理的體系；(五)不具有一定的教義、教規、教典；(六)不具有專門的神職人員；(七)不具有自覺信仰意識等。

簡單地說，民間信仰不具備完整體系，不僅是一種宗教現象，同時更多與民間文化、民間社會有關，是民間社會文化的一個重要組成部分。從此一面向而言，馬祖的民間信仰中，存在著許多根本不知來歷的神明，而人們對於自己所崇拜的神明，不免總要追究明白神明的由來和本事，於是透過上身（附身）、扶箕、托夢……等手段來請

示，於是乎無名、無姓、無來歷的神明，有了姓名和出身，並附會製造出種種神奇的傳說故事與神蹟靈異，甚至為祂們冊封執掌的神權、神能、神職、神階，加上封祀及各種合法的理由，演變到後代，故事愈多，附會愈多，出身來歷更明確，宛如滾雪球般，愈滾愈大，愈豐富，愈合情合理，我個人稱這種宗教演進現象為「後合理化」現象，當然這些神明後期的較完整傳說，與原初的起源已截然不同。

　　而馬祖列島目前民間信仰，正是研究初起演變的最佳田野調查對象，因有如下特色及及狀態：(一)有許多不知名、不知來由的廟宇及神明，如泛稱某某大王廟、某某大哥廟；(二)有許多敘事結構不完整、凌亂粗糙的神話傳說（也因是原始的、開始的）；(三)仍存在許多正在進行中的陰廟變陽廟、陰神變正神的轉變步驟的廟宇與神明；(四)諸廟場域小，分布散、分布廣、尚未定型，仍保持早期初始面貌。所以綜合上諸現象，個人認為馬祖列島的民間信仰，仍有進一步調查、研究的空間，也是值得推荐大家前往一遊的好地方。

臺灣的虎爺信仰

　　虎在中國的崇拜由來已久。上古時期，一些氏族部落有虎圖騰崇拜，甲骨文有「虎」字，商周青銅器有虎形圖案，甚至眾人熟知的西王母娘娘長相，在《山海經》中的〈西山經〉、〈大荒西經〉記載是：「人面虎身，有文有尾，皆白」、「虎齒、豹尾、穴處」、「豹尾虎齒而善嘯」。老虎作為百獸之長、山中之王，不僅萬獸懼怕（所以才出現狐假虎威的成語），人類更為敬畏，其威武勇猛逐轉為人們所崇拜，在各地廣泛流傳，再一變為虎神崇拜，因此東漢應劭《風俗通義》記：「虎者，陽物，百獸之長，能執搏挫銳，噬食鬼魅。」而且居然「燒虎皮，飲之，繫其爪，亦能避惡」。中國民間俗傳虎食惡鬼，於是「畫虎于門，鬼不敢入」，虎也成了門神之一。

　　老虎既然成了驅邪食鬼的神獸之一，於是出現了一

連串的虎神信仰文化與活動。例如：元宵猜謎，稱「射燈虎」，簡稱「射虎」、「打虎」，形容猜中謎底的高困難度，像打老虎一般。端午節辟五毒，用艾草編紮成虎形，或剪彩紙爲虎，黏貼艾草，稱爲「艾虎」，懸掛門楣上以驅毒避邪，小孩繫上艾虎香包，婦女則插在鬢邊，家家戶戶在門戶上貼「艾虎鎮五毒」、「老虎葫蘆」的剪紙，在家裡頭掛上張天師騎虎鎮五毒的掛圖。除夕夜除傳統貼春聯外，在家中正廳掛上「鎮宅神虎圖」或「五福（虎）圖」年畫，祈求鎮邪驅煞，期望在新的一年帶來好運。除了這些節日習俗外，平日也爲孩童們做虎形兜肚、帽子、枕頭、鞋子等，不但辟邪穢，更期待孩子們如老虎般勇猛健康。

在喪葬文化中，老虎也擔任了驅邪逐祟、保護墓主的重責大任，前引《風俗通義》說：「罔象好食亡者肝腦，一畏虎與柏，故墓前立虎與柏。」《封氏聞見記》又有：「秦漢以來，帝王陵前有石麒麟，石辟邪，石象，石馬之屬」，至於大臣貴族「人臣墓前有石羊、石虎、石人、石柱之屬，皆作以表飾墳壟，如生前之儀衛耳。」這一系列的石象生，構成威（虎）揚（羊）千里（馬）的諧音象徵，除了作標誌外，也見有儀仗侍衛的作用，直到近代乃保有這類石象生的喪葬習俗。不僅如此，老虎身體每一部分，如：虎皮、虎骨、虎爪、虎牙，也視爲辟邪靈物，也被人們充分利用。《風俗通義》載：「今人卒得惡遇，燒

焐虎皮飲之，繫其爪，亦能辟惡」，換句話說，飲虎皮汁可收驚，繫虎爪可辟惡，「虎骨梁朱畫符，療邪；頭骨作枕頭辟惡夢魘，置戶上，辟鬼。」老虎之用，大矣哉！

老虎是百獸之王，威猛無敵，因此虎文化意蘊，除辟邪外，也有呈現吉祥一面，也有祈福作用。軍人武將被稱爲虎賁、虎臣、虎將、虎校、虎旅、虎士、虎夫等，虎將的勇猛被稱爲「虎威」，武將營幕稱「虎帳」，大將拜君稱「虎拜」，調兵遣將信物名「虎符」，都是取喻老虎之威猛。民間也喜將歷朝歷代的勇猛將軍湊成五人，稱之爲「五虎將」。例如：宋代狄青、張忠、劉慶、李義、石玉結拜兄弟，有情有義，忠君愛國。明代則有黃虎星沐英、黑虎星胡大海、白虎星常遇春、青虎星徐達及紅虎星湯和，下降凡間，輔佐朱元璋，開創明朝。而臺灣民間更予五虎將所持的武器賦予靈性法力，如：屏東潮州天營宮的五虎將團是由明代五虎將所組成，廟方說法：沐英持「硃砂筆，一筆安天下」，胡大海持「旋風金光槌，斬妖除魔」，常遇春持「五雷誅魔鞭，驅邪押煞」，徐達拿「天星河銀斧，改運去禍」，湯和拿「擎天流星劍，掃除邪穢」。

由於「虎」、「福」二字諧音，聰明而又迷信的國人，把老虎視爲福氣的象徵，又出現了「福虎銜錢圖」或「五福（虎）圖」等年畫掛圖，生日送「四虎（賜福）百獸（百壽）」圖案，取「賜福百壽」之意。在民間俗信

中，老虎與招財也扯上關聯，由於俗信武財神趙公明（玄壇）騎黑虎，手下有「招寶天尊」、「納珍天尊」、「招財使者」、「利市仙官」，構成五路財神，迎祥納福，招財進寶。黑虎將軍沾了光，有的商店供虎圖、虎獸，個人甚至還曾看見過老虎咬錢的造型，老虎取代了蟾蜍。不過有老人家警告說，虎圖分上山之虎與下山之虎，商店要掛下山之虎（圖畫中聚寶盆旁邊一頭猛虎而且虎頭向下，寓下山取食取財），住家要掛上山之虎（虎頭向上，寓食飽回山休息），住家掛下山之虎，恐會傷及家人，商店掛上山之虎，已吃飽上山，懶洋洋，不會再招財進寶，這種說法，姑妄言之，姑妄聽之。

臺灣因為不產虎，所以有關虎爺的信仰、傳說，幾乎全部從中國大陸傳來（尤其福建地區），例如：在臺灣流傳相當普遍的「土地公制虎爺」、「保生大帝救黑虎」、「城隍老爺收老虎」、「虎爺保護張天師煉丹爐」、「武財神趙玄壇騎黑虎」等等傳說，最膾炙人口的是「虎姑婆」民間故事，從小聽多了，相信臺灣的男人都怕家裡的那隻「母老虎」。

正由於臺灣不產獅子、老虎，人們沒見過獅子、虎，所以神像造型虎爺以貓為參考藍本，石獅則以狗為借鏡，君不見宮廟中正殿神龕下的虎爺像日本的招財貓，固然有的威武兇猛，更多的是質樸可愛。至於廟前的石獅造型，活生生的一隻哈巴狗，可愛可親，令信徒忍不住上前摸摸

頭。

　　虎爺神階地位低微，一向是諸多神明的座騎、腳力，兼有守廟、傳令的功能，因有傳令的職能，因此又被歸類在侍者公、大使爺的神明系譜，在臺灣還有保佑孩童的作用，有些地方認虎爺爲契父，虎威之下，妖邪自然不敢危害孩子。小孩生了「豬頭皮」（即腮腺炎）、「癩痢頭」，因「虎咬豬」，帶孩子到廟中拜虎爺，祈求症癒，有的人用金銀紙錢、虎頭蜂窩、紅土、符仔祭拜完，在虎爺頭上、嘴巴抹觸、取得神力，回家貼在孩童患處，自會治好。同理發生瘟疫，特別是豬瘟，請虎爺回家坐鎮或出巡繞境，自能控制疫情。

　　臺灣不產虎，但是虎爺信仰普遍在民間流傳，這是很有趣的一個現象，虎爺地位不高，也常常爲人所忽略，但在臺灣廟宇中普遍性卻堪稱爲最，也是臺灣民間信仰中，最不可或缺的神祇。多年前我曾鼓勵吾徒高佩英進行虎爺信仰的調查與研究，取得了重大成果，不但完成碩論，並進而出書，書名《臺灣虎爺的信仰》，暢銷一時。

　　根據佩英的調查，虎爺的誕辰，各地不一，可歸納出農曆二月二日、四月十六日及六月六日，二月二日與土地公、四月十六日與保生大帝有關，六月六日則是「天貺佳節」。老虎本身有山大王、山君的別稱，虎爺有虎將軍，虎爺將軍與虎爺公之泛稱。不過佩英調查，臺灣虎爺信仰已分成天虎、地虎兩大系統，其分別是在一供奉桌上，

一供奉地下。屬於地虎系統的,包括:地虎將軍、下壇元帥、下壇將軍、黑虎將軍、金虎將軍等,天虎系統包括:天虎將軍、山軍尊神、飛虎將軍及虎狀元。天虎系統的虎爺信仰中,虎爺地位由神明的座騎、守廟護法、傳令兵,不斷地擴增神能,神階不斷提昇,自然會伴隨一些顯靈故事,促成信仰愈盛,香火愈旺,地位愈高,居然出現以虎爺為主神的廟宇,如:彰化彰邑明聖廟、民雄虎爺會會館、新北市石碇伏虎宮等,可以預見虎爺地位神階將會有進一步提升的發展趨勢。

附錄一
台灣寺廟對地方的貢獻

前言

　　台灣與我國大陸僅一水之隔，地接我國閩粵邊緣，早為我國南海屏障，初期梗於交通，少有來往，直至隋代（605）正式列入史籍。在一千餘年的歷史變遷中，卻未聞有開拓台灣的史實，隋有征服，元有招撫，明初則撫而不治，但事實上我華夏裔冑即已不斷地渡海東來，篳路藍縷，開闢此一海外新土，由於明初的此種政策，使台灣淪於荷人之手。迄至永曆十五年（1661）延平郡王鄭成功逐走荷人，光復台灣，至此方做有計劃的拓展經營台灣。清繼鄭氏之後，統治台灣兩百一十二年，台灣的開拓在此期間內大體完成。

　　在綿延兩百年的開拓過程中，除鄭成功曾有計劃的大

規模移民，把他的部下及眷屬安置開發台灣，作為反清復明基地外，其他都是民間不顧禁令，冒險渡海而至。這些冒險渡海而來的移民中十之八九來自閩、粵，閩粵兩省濱海，山多地瘠，開墾不易，居民迫於生活所需，以臨海之便，遂向海外求發展，於是紛紛離鄉背井，在台灣建立起「家鄉模式」的新天地。

在這新天地裡，移民們各帶來了他們家鄉的生活風習，宗教信仰，形成台灣各地多采多姿，各具特色的地方色彩。其中最足以代表地方色彩的便是寺廟，這些寺廟不僅消極的是移民精神的寄託，更積極地轉為移民斬荊棘、闢草萊、團結互助的所在。舉凡治安、產業、交通、教育、聯誼、娛樂等，莫不透過寺廟以推行。本文擬就先民如何運用寺廟，推進地方發展，興辦地方慈善公益事業，進而教化百姓，平定變亂為主題，以說明本省寺廟對地方的貢獻。

一

我國素為農業社會，農業社會向來是安土重遷，非迫不得已，不願遠向海外徙居。明末閩粵一帶居民，迫於局勢的不安、社會的動亂、生活的困苦，不得已遠涉重洋，歷經風濤之險來到台灣。為求一路平安，使開墾事業順利，往往由本籍帶著故鄉寺廟的香火或分身神像以為護身符。俟其抵臺就地開墾時，便將之掛於樹梢、田寮、居屋

等，朝夕膜拜，祈求平安。

拓荒是一種艱辛危險的生活，從大陸閩粵沿海結伴渡海移殖來臺的拓荒者，多係年青力壯的單身漢（本省俗稱羅漢腳）。他們抵臺後，三五成群聚集一起，櫛風沐雨，胼手胝足的辛勤勞動，共同創造他們理想的新天地。然而他們遠離了故鄉，失去了家庭的溫暖，每當白日辛勤的勞動後，在夜晚休息時，不免有「舉頭望明月，低頭思故鄉」的感懷，尤在大雨淒風，疾苦病痛時，愈是寂寞空虛，愁思滿懷，思鄉之情油然而生。正因思鄉情切，在他們開創的新天地中，不免事事模仿家鄉故土的一切風習。加之拓荒時又必須克服種種困難，除了抵抗天災地變外，對於時出劫殺的「生番」與農作的收成更為注意，這些除了彼此互助團結以盡人事外，其他的只好聽天由命了，因此在單調的生活中增添了精神寄託的信仰。及至經濟力量許可，他們便醵資建立寺廟，一則答報並祈求神明的庇佑，二則略以慰藉思鄉之苦。故在開拓初期，寺廟對地方的貢獻，多僅限於宗教方面，使移民們能夠安心工作，從事開墾。

初期開拓告一段落，事業繼續進展，社會漸趨繁榮，各地庄社便發展成街肆，繼而擴大為城鎮，自是商業鼎盛，人文薈萃。擁有財富的新興士紳巨商，更多鳩資建設壯麗宏偉的寺廟，答謝神庥。寺廟多為聚落的地理中心，每逢廟會信徒蜂湧前來，民間交易自然也結集寺廟周圍，

寺廟附近遂為店舖門市，攤販雲集之處[1]。社會的繁榮，促成各行各業的興起，各行各業又組成了各類團體，如神明會、祖公會、父母會、共祭會等。例如神明會多由同一行業組成，表面上以奉祀某神明為目的，實則藉此約束各會員遵守同業規約，互助敦睦，進而增產置業，以求發展。其辦事處往往設在寺廟，在經營有盈利後，便用來解決地方困難，如造橋鋪路，捐獻書田等等，從事地方公益事業[2]。因此寺廟對於促進地方貿易，社會經濟繁榮，確有其特別貢獻。

早期來臺拓荒的成功者，有感於昔年所受艱苦，對於續來者多盡其努力相助。為安頓這些後來的鄉親，多建立寺廟以為同鄉會館，作為暫時安頓之所，並可利用為同鄉間的聯繫中心[3]。寺廟的這種功能，使後抵的移民暫得棲身之所，俟其出路謀定，再行遷出，無形中穩定了社會的秩序，使地方能夠平穩的發展，這是寺廟對地方的又一貢獻。

總之，台灣寺廟與地方開發關係密切，先是基於宗教需要，建立寺廟以為信仰中心，一方面祈求神明的庇佑，保護閭境平安，農作豐收，一方面作為克服種種外來困難的信心依憑所在，寺廟成了移民渡海拓荒初期精神上的寄託依賴。等開拓事業有所進展，社會日趨繁榮，寺廟又成為地方政治、商業、交通的樞紐，透過寺廟推行各種公益事業，維持社會治安，使地方的開墾工作得以順利推展，

其貢獻可謂至大且鉅。

二

　　台灣最早移民多爲福建的漳泉及廣東的潮惠等州府
人民，當時臺島遍地荊棘，蟲毒爲害，又有「生番」時出
劫殺，移民之間必須團結互助，加強宗親的聯絡。漢人鄉
土觀念本濃，況且移民的本籍的風俗、習慣、語言不盡相
同，清廷又不准攜家帶眷來台，故聚落的形成易以同鄉爲
主，所謂「團結」倒成了同鄉同宗之間的團結，於是造成
彼此間的界線，甚至演變成嚴重的隔閡。偶因細故，雙方
發生糾紛，便牽扯上同宗同鄉，於是兩方械鬥，造成社會
的不安。而且台灣僻處海外，山深林茂，地廣人稀，正是
不良分子活動淵藪，日久集眾；出爲民害；加之鄭氏曾努
力把台灣經營成反清復明的基地，居民皆含有濃厚的民族
意識，清廷以異族君臨台灣，臺胞不免有反抗之心；倘若
地方守牧，強取豪奪，苛擾百姓，更易激起民變（台灣素
有三年一小反，五年一大亂之俗諺），台灣種種政治社會
的特殊現象，使清廷素有「難治」之感[4]，清廷於治民政策
上眞是煞費苦心。

　　其治民，先是訂定宣講鄉約之制，主要教化百姓循規
蹈矩。而鄉約宣講地點，多在寺廟人眾之處，內容在勸人
敦孝弟、篤宗族、和鄉黨、重農桑、尙節儉、隆學校、黜
異端、講法律、明禮讓、務本業、訓子弟、息紛爭、誡窩

逃、完錢糧、聯保甲、解仇忿等[5]。並且力行保甲法，責成地方鄉長耆宿，維持地方治安[6]，而推行地方自治的中介，又非借助寺廟不成，於是造成本地民間實際上的自治，此實為台灣光復後，能迅速推行三民主義，實施地方自治的遠因與淵源。

然而鄉約、保甲制度的施行又需人、事的配合才能收其效果，因此清廷又藉神道以伸教化，以補人事制度的不足。台灣民間敬神畏鬼之心本盛，於是清廷加強運用城隍的威靈以治理民事，監察民隱，所以地方官甫抵任所，必先齋宿，祭告城隍廟而後履任。每年中元祭屬典禮，守令必迎城隍出巡為主祭[7]。本地信徒最眾、影響力最鉅的神明首推媽祖，於是媽祖又被清廷利用來平叛亂、收人心，且得到相當的效果[8]。另外清廷又大力提倡奉祀關帝，以取代玄天上帝，轉移本地同胞對明室的眷戀[9]，所以乾隆以後，本地的變亂即少以民族大義號召。以上都是清廷利用宗教，以伸教化、收人心、平叛亂，在政策上運用得非常成功。

三

一個社會的安定進步，並非僅靠官府力量維持治安就夠，除了能夠利用厚生，加強建設，使人民安居樂業，解決民生問題外，尚要注意到育樂問題，台灣的寺廟恰含有教育、宗教、娛樂三大功能，解決了這項問題。

　　我國舊式教育，雖歷代都有官辦學府，但其數量不足敷用，多半由民間普設私塾，延請西席教讀子弟。台灣多爲同鄉村落，子弟的教育便交付給街坊飽學的同宗長輩董理，在學校不足的情形下，寺廟便充爲學堂使用，如同治九年，新竹縣增設義塾，即以南城外竹蓮寺、中港堡天后宮充作學堂[10]。由於寺廟提供了教育人才的場所，使百年樹人的事業能庚續不絕，而且子弟在寺廟課讀，旁有神明的監視，自是更加儆惕用功，這是本省寺廟對教育的貢獻。

　　寺廟對於社會更具有啓發引導作用。台灣民間宗教信仰極其複雜，所奉祀的神佛極其繁多，不論其爲何方神聖，其生前必有功於邦國鄉梓，或救人救世，造福地方，或除奸懲惡，伸張正義，故使人信之拜之，其忠孝節義的言行自是爲後人崇敬，以爲楷模。即使等而下之，以種種鬼怪嚇人之談或六道輪迴之說恫嚇百姓，亦無非希望人民能規過遷善，阻止其爲非作歹的念頭。尤其寺廟常印行的善書，無不鼓勵人民行善事戒惡行，其勸戒內容無不針對當時社會弊病而發，於勵風俗、正人心產生了極大效果。至於寺廟建築中的浮雕、繪畫等，皆爲忠孝節義的歷史故事，使善男信女欣賞之餘，無形中明白了四維八德的意義，這正是我國固有文化精神通俗化的表現，也是寺廟對社會教育的鉅大無形貢獻。

　　此外寺廟又爲村落人民休閒的好去處。每逢閒暇，三五好友一起到廟裡坐坐，或喝茶聊天或吟唱相和。尤其

廟慶時更為熱鬧，此時四方攤販雲集，走江湖賣手藝的亦趨來湊熱鬧，形成繁華的「廟會」，這時亦必演外臺戲以酬神，所演之戲又都是忠孝節義的故事。寓教育於娛樂，寺廟不僅為居民提供了一個遊樂場所，更在遊樂中施以無形的教育，正是所謂的「寓教於樂」。而且本省有各種救濟團體推行慈善工作，如書院之書田收入補助清寒士子，義塾使貧困子弟有機會就學，善養所救濟外來旅客貧病者，養濟院收容癲瘋病人，義塚則使外鄉病故者或窮人有葬身之處，厲壇則為客旅死亡暫借停棺之所，其他如義渡、茶亭等等的公益設施，無不間接直接透過寺廟推行，這種仁民愛物的義舉，使得本省社會風氣更趨於淳厚，真正發揮了寺廟的功用。

四

雖然寺廟對本省的開發有其貢獻，但也有其流弊，如械鬥、迷信、濫拜等，對社會產生莫大遺害。

清朝統治台灣二百一十二年中，不時發生分類械鬥，往往釀成大亂，得經過官兵大舉鎮壓才能漸平。械鬥發生的主要原因為清廷的分化政策與移民為經濟利益的爭奪。清廷施用分化政策，主要是防阻臺胞合力抗清，利用本省已有的地方派系，再施以挑撥離間，分其力量，各個擊破，朱一貴、林爽文、戴潮春三大民變亂的平定即用分化手段。而移民間為經濟利益的爭奪更是重要原因，先是福

建泉州人渡海來臺，佔據了較佳地區拓墾，其後漳州人接著而來，漳泉兩府的人便佔了土膏水沃的西部平原。迨粵東之惠潮二州人民渡臺時，台灣可以開墾的地區只剩下了山坡及丘陵地帶，山坡丘陵當然比不上平原的肥沃，而且最先來的泉州人更掌握了出海港口與貿易港口，所以表面上看來，分類械鬥是起於一些細故，事實上是種因於經濟利害的衝突，積怨難解，遂借機而發，以致一動干戈，蔓延各地至於不可收拾之局面。在械鬥過程中，寺廟是脫不了關係的，舉凡和、戰、攻、守諸事莫不以寺廟為中心。攻前占卜求神指示吉凶，敗則退守寺廟以自固，和戰之事也在廟中商議，因此寺廟又成了各地方派系的象徵代表，如三山國王廟代表粵人的勢力範圍，開漳聖王廟代表漳人的地盤，龍山寺為泉人的大本營等等。械鬥的結果，只有使兩敗俱傷，削弱彼此力量，造成社會的動蕩不安，所幸械鬥已成過去的歷史，今日不復見到。

　　台灣民間的宗教信仰極其虔誠，正由於極其虔誠，流變結果成為過分迷信，使得一些神棍乘機藉神欲財騙色，愚弄鄉民。如台灣各地都設有道教的神祇壇，此類道壇均由職業性的道士主持，專司消災驅邪，法事齋醮等，少數不學無術，靠著一些騙人咒語來主持喪葬祭禮、超渡醫卜，事後收取費用維持生活。更可恨的是一批寄生於寺廟的巫覡（如法師、符師、童乩、鸞乩、尪姨等，其法術不外乎畫符施咒，召神役鬼而已）、術士（如地理師、看日

師、算命師、相命師、卜卦師等，專以陰陽五行，生剋制化來胡說一通），憑其不爛口舌，耍其伎倆來詐財騙色，愚弄鄉民。可嘆今日猶有愚夫愚婦信之受其擺佈玩弄。

又本省民間的信仰祭拜活動極其繁多，平均每三日即有一次祭典活動，屆時殺豬宰羊，演外臺戲，迎神遶境，競尚奢靡為事。尤其濫拜神明，只要「見佛便拜，遇神即祭」，俗語「拿香跟著拜」，不擇其祭拜對象，更不知其祭拜因由，只知因眾隨俗，吃喝鋪張，因此拜拜之舉，此落彼起，民間邀宴終年不絕，這種濫拜的活動已違背了原來祭典敬神的原義，而其遺患如耗費大量人力、物力，增加環境髒亂，窳敗社會風氣等，更是影響嚴重[11]。

結語

台灣的民間信仰是來臺拓殖的先民所建立起來的，其中有的襲自家鄉古老的傳統，有的則是為適應生活環境需要而創立的，因此無不與中土大同小異，有著密切不可分的關係。這些信仰，有人斥之為迷信，殊不知這種「迷信」的習俗信仰，正是我中華民族數千年的文化力量，這力量是偉大無儔的，是日本異族政權文化所不能侵略同化的，這種信仰是引導社會善良風氣的動力，是我民族固有文化通俗化的表現，蓄含著教育社會人群的重大意義。尤其台灣在近四百年的開發歷史中，淪於外人之手幾達於五十年之久，若非傳統的民間信仰活動所維繫，我民族文

化必早已在臺島上蕩然無存，而保存民間信仰的所在正是
——寺廟。

我國寺廟非僅為人民信仰中心，且與民俗生活融為一
體，舉凡民間的節慶、禮俗、教化，往往藉寺廟以推進。
且寺廟在本省同胞自力開發過程中，始終居於重要樞紐地
位，在建設方面，士紳鄉耆運用它以協助政府維持地方秩
序，推展公共建設，為救濟貧困的機構；在教化方面，清
廷運用宗教以佐理教化，寺廟亦常印行善書，宣講善道；
雖然在破壞方面，寺廟因具有鄉土區域的特質，移民各以
寺廟為中心形成山頭，屢屢發生械鬥以及一些迷信、浪費
的風俗習慣，抵消了移民辛勤建設成果，但綜其功過，仍
是功大於過。

總之，在台灣四百年的開發歷史中，明、清政府一
直未對台灣的移民事業加以輔助，清政府甚且一再阻撓，
在此十分困難的環境下，地方的開拓事業，都靠民間自力
推動經營，而寺廟居其間，在街耆鄉長的運用下，為移民
間互助自治的機構，用來推進地方建設，維持社會治安，
使本地的開發事業進行得更順利更完善，其後雖有流弊產
生，瑕不掩瑜，其對台灣的貢獻是不容忽視的。

〈註釋〉

1 例如艋舺龍山寺於乾隆五年建立後，不久在番藷市至龍山寺之間，又新建了舊街、新店街、龍山寺街，促進了行郊的發達。

2 如艋舺龍山寺即為頂郊的會所，當時徵收進入艋舺港口船隻貨物的從價稅百分之五，利用這筆收入以為公益事業，解決地方困難。

3 如臺南市中區銀同祖廟為同安會館，彰化縣鹿港鎮浯江館蘇府大王爺廟為金門會館，北市艋舺廣州街蘇府千歲廟也為金門會館，新北市淡水區鄞山寺為汀州會館，但並非本省的每座廟宇皆有會館功能，僅開發較早的港口、都市的寺廟才有。

4 姚瑩、藍鼎元等人論台灣治事，均有此種言論。

5 詳《重修台灣府志》卷首，上諭十六條。

6 詳《臺北市志》卷三《政制志》保安篇、自治篇。

7 詳《台灣府志》卷六，典秩志；《鳳山縣志》卷五，典禮志。

8 如康熙二十二年施琅攻臺謂有媽祖顯靈相助，康熙六十年藍廷珍平朱一貴亂亦施此計，其他如乾隆五十一年林爽文之亂，同治元年戴潮春之亂均是如法炮製而平定。

9 玄天上帝歷受明帝褒封，為明廷崇祀的主神，無異即明廷的守護神，鄭氏入臺多建眞武廟奉祀玄天上帝，一則安定軍民之心，一則可招徠明室遺臣，表明其忠貞的心迹。清室據臺，自是不願居民再奉祀，但也不能公然毀去以喪民心，只好一面提倡關帝的崇祀，以為漢人委身事主的典範，一面混淆視聽，製造謠言，謂玄天上帝生前為屠夫，乃是屠宰業的守護神。清廷此種作法，無非在轉移漢人對明室懷念之心，繼而為其效忠而已。

10 詳《新竹縣志初稿》，卷三，學校志。

11 光復後，政府力倡節約，此一浪費陋習已逐漸減少。又據本年（1974）九月二十日《新生報》載：省政府為輔導寺廟健全

發展，獎勵其興辦公益慈善事業以造福地方，協助國家整體建設，已擬訂了一項「實施方法」送請省議會討論，同時民政廳也擬定了「台灣地區神壇登記要點」，嚴格加強管理。這都是興利防弊兼顧的構想，不僅可以健全寺廟組織與財產處理，更可消極地除去上述寺廟諸流弊，積極地改善民俗，發揚宗教精神，造福地方。

附錄二
讀連橫《台灣通史·宗教志》

一、突破舊例，勇於創新，重視宗教

　　連橫《台灣通史》共三十六卷，全書有紀四、志二十四、傳六十，始於隋煬帝大業元年（605），終於清德宗光緒二十一年（1895）台灣割讓，凡1290年之事，而「追溯於秦漢之際，故曰通史」[1]，該書既然名為「通史」，就非中國地方志書體例所能規範，故連氏云「此書略仿龍門之法，曰紀、曰志、曰傳，而表則入於諸志之中」（見《凡例》），該書體裁雖仿正史，內容所重則有所不同，故「前人作史，多詳禮、樂、兵、刑，而於民生之豐嗇、民德之隆污，每置闕如。夫國以民為體，無民何以立國？故此書各志，自《鄉治》以下尤多民事」（見《凡例》）。而又有獨創新見，如「輿地一志，或曰地理

或曰疆域。夫地理屬於自然，山嶽、河川是也；疆域由於人為，府、縣、坊、里是也，故此書僅志疆域，而地理別為撰述」（見《凡例》），可知連氏已有新見，能區分「地理」與「疆域」之不同，惜光說不練，書成之後，僅有卷五「疆域志」，卻未見「地理志」。此書體例雖仿正史，兼取志書之優點，如卷二十八「虞衡志」，《凡例》中拈出解釋「台灣虞衡之物多屬土名，著者特為考證，釋以漢名，疑者則缺」。

正因連橫著此書是採取「民生」、「民貴」的史觀，故特重視「民事」，而非中國傳統史書之僅重政治、戰事、職官士人諸事，因此，該書出現了一些與傳統史書不同的體裁，卷二十二〈宗教志〉就是一例。中國傳統史書、志書，是站在官方、統治者立場而撰述，深怕基層民眾假借宗教信仰聚眾而亂而變，為了預防衝擊官僚體制、國家政體及社會道德倫理秩序，對於民間宗教，凡神明未編入祀典者，往往視之為「邪教」、「淫祀」，並牢牢掌控教化權和祭祀權，所以歷代政府經常要查禁、剷除、拆毀所謂「邪教」、「淫祠」，因此不會將「宗教」刻意列入志書。這裡僅以台灣有代表性的兩本志書為例說明。

如周鐘瑄《諸羅縣志》被名史家楊雲萍列為「台灣研究必讀二十部書」，但通觀全書並無〈宗教志〉，卷四〈祀典志〉僅有「文廟」、「壇祭」，內容為祭祀儀式的介紹，而卷十二〈雜記志〉才有「寺廟、古蹟」記載，周

氏在〈雜記志〉前言中言「雜記以補闕備忘，所謂志其大，不遺乎小也。……乃若見聞所及，諸卷紀載所未盡，要足爲後人徵信之資，用寄諷諭之義……因匯諸編末，合爲一卷」[2]，從此數語，完全可見周氏之心態，「寺廟」之記載，尚非完整之宗教，只是「補闕備忘」、「匯諸編末」聊備一格，而且「寺廟」記載多是簡單記錄諸廟所在，偶及記神明來歷，如天上聖母媽祖、保生大帝吳夲、關帝等等而已。又如陳培桂《淡水廳志》亦無宗教志，僅在卷六志五〈典禮志〉中記有「慶賀、接詔、迎奉、耕耤、祭社稷、厲祭、救護日月、鄉飲酒、鄉約、祠祀、祠廟」等，「祠祀」主記官廟，有關民廟僅在「祠廟」才稍有提及，或無記載奉祀主神，有記載則不載神明來歷。而最後在書末卷十三考三「古蹟、寺觀、園亭附」，在前言中說明之所以要記載「寺廟」之原因，居然爲：「若陸清獻〈靈壽志〉，寺觀之類，涉浮屠老子者皆斥之，亦奚可哉！且僧綱道錄，載於會典，寺觀亦有田畝山場，倘有訟於有司，豈能不理。……別爲一類，存其概焉」[3]。果然在此心態之下，其記載筆法不脫前人俗套，略記寺廟所在，何時何人捐建修繕，對於奉祀何神，均未記一字。

　　從以上論述及所舉諸例可充分明白官宦、士大夫、史家、文人之想法，對這些宗教（特別是民間宗教），採取查禁、剿除、輕視心態，避之唯恐不及，更遑論在正史、志書專章列志予以敘述記載。但連橫在《台灣通史》中專

門列入〈宗教志〉，從此可見連橫之勇氣、創新與史識，不僅首開風氣，從而影響到後代台灣史學界，無不重視宗教，不僅列為一門學科作為研究，更進而開課授徒，成為一門顯學。茲以台灣空中大學所出版的幾本教科書為例：(1)張勝彥、溫振華、吳文星、戴寶村等學者所編著的《台灣開發史》，內分六篇十八章，其中第九章〈社會發展〉第一節為「信仰與社會組織」；(2)蔡相煇編著的《台灣社會文化史》，計十六章十九節，第五章為〈民間信仰〉，下分三節「信仰內涵與沿革」、「神祇種類」、「信仰行為」；(3)蔡相煇、吳永猛合作編著《台灣民間信仰》，更是專書探討介紹。可見今昔對宗教不同之心態、視野，我讀書不多，不敢說連橫之〈宗教志〉是首創先例，但至少是「但開風氣不為先」，這是個人讀〈宗教志〉的第一個感想。

二、平等對待各個宗教，重視民間信仰

連橫不僅重視宗教，更以平常心尊重各個宗教，在〈宗教志〉引論敘言中，他提出「政」「禮」兩個重點「所以治國定民者」，但是「夫政者，以輔民志者也，有時而亂」，「禮者，以定民俗者，也有時而弊」，因而需要宗教輔佐，「然則其用以範圍一世之人心者，不得不借之宗教」。但是人世間眾多教派，何者為主？何者為是？連橫以平等態度對之：「神道然，佛老然，景、回三教亦

無不然」（第305頁），在〈宗教志〉末尾更論述：「宗教之事，各地具有，所處不同，即所祀之神亦異。是故山居者祀虎，水居者祀龍，陸居者祀牛，澤居者祀蛇，則不得以祀虎者爲是，而祀龍者爲非。」（第312頁）而各行各業所祀行神也是如此：「若夫士子之祀文昌，商人之祀關帝，農家之祀社公，藥鋪之祀神農，木工之祀魯班，日者之祀鬼谷，所業不同，則所祀亦異。」（第312頁）說穿了，「跡其所以崇奉之者，莫不出於介福攘禍之心，而以此爲神也」，「是皆有追遠報本之意，而不敢忘其先德也。」（第312頁）

但在台灣諸不同宗教到底還是有信徒之多寡，信仰廣狹之區分，自然其影響力有高低之差異，「故論次其得失」，首「神教」，次「道教」，再次「佛教」、「景教」、「回教」，而所謂「神教」者即今之「民間宗教」、「民間信仰」。因此，在連橫心目台灣諸宗教中，「民間宗教」是影響台灣社會、台灣民眾最重要的宗教，故列爲第一，而「回教之傳，台灣絕少，其信奉者僅爲外省之人，故台灣尚無清眞寺也」（第312頁），所以回教排在最後，可見其心中自有輕重之權衡，不是隨便論次排列的。但此文頗有語病，回教固然在台灣信仰者「絕少」，但絕不是「其信奉者僅爲外省之人」，眾所周知，鹿港之丁姓、郭姓爲回民之後代，頗有信奉者。

　　當然，回過頭來看今日台灣宗教的蓬勃發展，除了原住民自身的信仰外，明清時期，由閩粵兩地的漢人移民傳來道教、佛教、齋教、鸞堂及民間信仰。1949年，國民政府自大陸撤退來台，逃難跟隨政府來台的「外省人」也一併將大陸流行的宗教傳來，加上在台灣自創的宗教，出現了軒轅教、慈惠堂、天帝教、一貫道、天德教、理教、同善社、萬國道德會等等，各占一方。日據時期日人傳進神道教、日式佛教；光復後，日本更傳入創價學會、天理教、日蓮宗。韓國文鮮明所創之統一教，在台灣也有不少信徒。中東傳來的除原有的回教，還有巴哈伊教，近年的西藏密宗，更盛極一時。再加上基督教內的各個眾多的教會團體、派別，以及近年的新興宗教，真可謂百花齊放、百教齊鳴。有人稱這也是另一種「台灣奇蹟」，諸如此類，恐非當年連橫撰述台灣〈宗教志〉時所能想像及所能預見，但不管台灣有多少宗派，其中仍以民間信仰的信徒最多，影響最大。連橫在〈宗教志〉中將「神教」列為第一，確有其先見之明。這是我個人第二個感想。

三、既開放又保守又批判的宗教史觀

　　如上所述，宗教在傳統中國歷史中，由於種種政治的意識形態，長期未受史家、學者的重視，史家視之為怪力亂神，官僚目之為聚眾作亂根源，文人則抱著獵奇述異的心態，不但在古代文獻中缺乏完整的記錄，而正史志書

偶有記載，或作為點綴，或作為反證，皆有偏執的意識與心態。而連橫具有開放之胸襟，正視之，專門列一〈宗教志〉敘述記錄，此其可貴的一面，但另一方面又是相當保守，採取中國「神道設教」的觀點敘述，視之為「政」、「禮」的附屬品，使得宗教倫理化、世俗化，未能深化析論，宗教只不過是「顧善用之，足以助群德之進，不善用之，反足以推其沉溺，而奸詭僻生焉」（第305頁）。不過，幸而尚能採取批判手法，「故論次其得失」。

在「神教」一節中，連橫列出民間宗教中諸多神明，一一加以介紹，或作史考，或批判其利弊得失：如「天公」（即玉皇大帝），即云「台灣為郡縣之地，山川之祀，見於祀典，而不聞祭天之儀，然則此天公壇者（指台南府），其為人民所私建，以奉祀上帝，則當先正其名矣」。又如「三官」之神明，則「是皆古之聖王，功在後世，歿而祀之，宜也」。其他如「五帝」信仰，則「此瘟神爾，而與靈官皆竊五帝之號，是淫祀也」（第305-306頁）。

在台灣的「道教」一節中，固然對某些道士有正面之肯定，「頗守道家之律」，但對多數道士則有不客氣之批判，「然台灣道士，非能修煉也，憑借神道，以贍其身，其賤乃不與齊民齒」，對於道士之某些巫術儀式的法術，如「開光」、「建醮」、「祈雨」、「報恩」、「收煞」、「補運」、「求子」等等，「而道士每張大其辭，以欺罔愚

頑。巾幗之中，尤多迷信」（第308頁）。但眞正讓連橫深惡痛絕者，「其足惑世誣民者，莫如巫覡」，台灣的巫覡種類有「瞽師」、「法師」、「紅姨」、「乩童」、「王祿」，連橫痛斥爲「凡此皆道教之末流，而變本加厲者也」，「夫道家以玄默爲主，尚眞一任自然，乃一變而爲煉汞燒丹，長生久視，再變而爲書符作法，役鬼求神；三變而爲惑世誣民，如蛇如蠍，此其所以衰也。而台灣之道教更不振」（第308頁）。

在「佛教」一節，一開始採破題筆法，「佛法之來，已數百年，其宗派多傳自福建」。另連橫將朱一貴、戴潮春民變之秘密結社，混在此節敍述，實欠妥當。在佛教諸多宗派中，連橫卻獨偏愛齋教，以重筆濃墨大篇幅介紹，對某些齋徒也有重批：「然而齋徒每多執著，獨善其身，不以衆生爲念」，對某些齋堂亂搞男女關係，「若乃假借淨修，潛行邪慝，情緣未泯，穢德彰聞，則又佛教之罪人也」（第310頁）。對於台灣佛教總評：「然而台灣之佛教，則愈失之誣。緇徒即乏高明，檀信亦少智慧，其所以建寺造像者，多存僥倖之心，求福利而攘禍災也。其下者則墮入外道，穢垢心身，歷萬劫而不起，此其可哀也。」對台灣齋教之總評，云：「持齋之益，可以攝生，可以修德，可以阜財，可以愛物，非僅爲祭祀之儀。而愚民不察，以爲成佛之道，昧矣！」

對於「天主教」、「基督教」，除了歷數其傳統歷史

及中外衝突之教案外，已能平心對待，能認知洋教士利用醫學、西學傳教，因此「教徒漸知天下大勢，或派子弟肄業於福州、香港，攻英文、習西學，以造就人才」。對於教徒挾洋人、西學自重，而輕視在台漢人，也批判道：「教徒之中又多拘囿，台人敬天法祖，禮百神，而肆爲抨擊，欲舉數千年歷聖相承之綱紀而悉棄，此其所以釁柄也。」（第312頁）對於教會學校所授課程，恐認知有誤，以爲「然其所學僅爲景教之學，尚無益於人群也」（第312頁）。

至於「回教」，連橫僅以一行二十六字一筆帶過，既然信者「絕少」，也就不予批判了。

連橫〈宗教志〉所載，仍有許多令人深思析論之處，諸如台灣宗教與閩粵原鄉之淵源關係；「神教」與「民間宗教」或「民間信仰」有何不同，何以在台灣影響獨大；又如，何以齋教女性信徒獨多，又以彰化、新竹特盛；以及中華傳統文化如何運用宗教在日據時期日人統治之下保存、賡續發揚等等，皆是值得吾人再深入探討之項目，限於篇幅就此停筆。

四、小結

宗教在中國文化中，屬於「俗文化」、「民間文化」層面，由於過去奇特偏執的態度，歷來官方正史、地方志書都頗爲輕視忽略，事實上宗教信仰對中外的歷史、社

會、政治、經濟、文化生活都有著不容忽視的作用，只不過其中所涉及的鬼神、圖騰、靈異、占卜、前兆、禁忌等巫術祭祀儀式，爲我國家、儒家所不取。

　　降至民國五四運動以後，一方面受西方文明中「理性」與「科學」影響，一批批進步知識分子高舉大旗，強烈主張要破除偶像崇拜、政教分途。另一方面受近代列強的侵略，在救亡圖存的意識下，更主張要啓迪民智，打倒迷信。在此僅舉一例，以概括其他：1920年8月28日，少年中國學會在北京通過了巴黎分會的提議，「有宗教信仰者不得入會，已有宗教信仰之會員得自願退出」[4]。然而只是採用破除偶像、拆毀寺廟的「鋸箭法」，並未能掃除迷信，更不能消滅宗教，個人以爲較好的辦法，乃是加強研究宗教，以理性之光，照亮明晰那神秘幽微的非理性領域，謙虛虔敬地探索人類何以需要宗教，方能拓展視野，體會到人類形而上思維之奧秘，認知到非理性因素在歷史中所發揮的作用、所扮演的角色，一方面固然批判「迷信」、「禁忌」，另一方面還要透過對迷信的理性探索，發展出種種理論，開拓人類理性認知的新領域。職是之故，近代宗教研究終於發展出「宗教學」此一新學科新領域，政府、學者不再視之爲異端、迷信了。近二十年宗教研究的焦點不斷在變，方法論也跟著變，範疇也不斷地擴大，涵括了信仰、神學、神明譜系、善書、經文、教義、科儀、儀式、祭品等等，加上近年鼓吹的「文創產業」、

「文化遺產」風潮之下，產生「產、官、學、廟」四合一的現象，宗教儀式、進香活動、迎神賽會竟成熱門觀光休閒景點，神明公仔、信用卡、貼紙、帽子、DVD、背心、鑰匙風行一時，成為四者互惠互信之利基。

而在台灣解除戒嚴（1987年7月）以來，在大陸改革開放（1978年12月）以來，兩岸宗教跳躍式地蓬勃發展，兩岸的宗教活動更從單向直航提升為雙向直航，透過「神緣」的接軌，不但加速兩岸政府的瞭解，更深化了兩岸民間親情[5]，不同時代有不同的宗教文化、生態。這些宗教現象想必連橫在當年時空環境的局限下，或許不能預測先知，但我個人相信他在九泉之下，對兩岸宗教的互信互利的熱烈交流活動，一定會欣慰的。

〈註釋〉

1　本文所用之《台灣通史》版本，為華東師範大學出版社2006年4月第1版。凡本文中所引用《台灣通史》之處，直接在引文後註上該版本頁碼，不再一一分註，以節省篇幅。

2　周鍾瑄，《諸羅縣志》，台灣銀行經濟研究室，1962，第275頁。

3　陳培桂，《淡水廳志》，台灣省文獻委員會，1977，第327頁。

4　轉引自龔鵬程〈道論：理性與非理性〉，收入《道教新論》，台灣學生書局，1991，第34頁。

5　關於兩岸宗教活動的往來發展及檢討，可參考楊孔熾〈改革開放以來兩岸民間信仰的互動發展及其意識分析〉，何綿山、李正光主編，《閩台文化研究集刊》第1輯，廈門大學出版社，2012，第151-162頁。

〈後記〉

這本小書是我數年前應宜蘭縣五結傳藝中心的《傳藝》雙月刊主編施沛琳女士之邀，特意為我開闢了一個專欄〈古今民俗縱橫談〉的文章結集而成。剛開始時還在磨合期，施主編給我很大空間，隨我個人意願而寫，並不拘束我指定題目或方向（除了少數幾篇為了配合歲時節慶或該輯主題外）。試寫了幾篇後，慢慢我摸索出了一個大方向，嘗試把每一年年初歲末，在華人地區廣泛流行，幾乎家家戶戶人手一冊的《農民曆》內容作一重新詮釋，讓現代人（尤其年輕一輩）認識它、瞭解它、運用它。

台灣的《農民曆》除了少數由擇日館命相名家自行刊印出售外，大部分都是由民意代表、寺廟或機關行號發行，免費贈閱，其內容大約涵括該民代為民服務成績，或寺廟本身的歷史介紹，一年來活動紀要、照片，接著首頁就是《農民曆》的本年歲次干支（含民國、西元、黃曆、佛曆）、太歲、姓名、納音、宜忌、值年的廿八星宿、新春出國出行吉日、開市開工營商吉日、黃帝地母經、春牛芒神服色、流郎歌、天赦吉日、土王用事、本年運氣、春社三伏日、新春焚香開門出行喜忌等等。

緊接著就進入正文，也就是這一年的日曆，裡頭又含括了每日每時辰的沖煞、方位、吉時，對婚姻、搬遷、建

築、埋葬、買賣……等等的喜忌。在一年二十四個節氣中又記錄了農民在每一節氣適合種植何種作物，漁民漲潮退潮時辰及捕撈何種魚類，一般人（尤其老一輩長者）則根據《農民曆》的記載安排一年中的各種活動。

最後部分，我個人習慣稱之為「附錄」，洋洋灑灑，包括了「認識二十四節氣」、「五穀豐歉詩」、「吉神吉時詮釋」、「凶神凶時詮釋」、「生肖歲運表」、「諸神佛誕辰千秋表」、「百歲年齡生相對照表」、「祭祀禮儀」、「祭祀吉時表」、「燒香預測禍福圖」、「嬰兒、公司、行號命名筆劃參考表」、「男女配婚吉凶表」、「厝坐、辦公室方位吉凶表」、「袁天罡先師秤骨神數命理表」、「本年十二生肖流年流月運氣圖」、「西洋十二星座運氣表」、「周公解夢吉凶書」、「西洋掌紋吉凶圖」、「食物忌沖圖」等等，不一而足。

我們可以發現小小一本《農民曆》居然容納了這麼多的內容，不論古代的農耕社會，或現時的工商社會，是每個人每天活動的實用參考手冊，更是中國傳統文化的精華積澱，也是先人們累積多少長久歲月的生活經驗而成的一套生活時序表，小小一本《農民曆》正是中國人最寶貴的文化資產。或許它裡頭的每日的行事宜忌、沖煞方位、胎神占方、凶吉時辰等等術數，被視為迷信，令人質疑，但每當我們安排行事活動時，總不免會翻一翻《農民曆》，挑一挑好日子，或看一看日子適不適合，信不信，靈不

靈，準不準端看個人信仰態度，但它仍然通行全世界華人地區，則是不爭的事實，所以我們有必要去認識它、瞭解它、詮釋它。

職是之故，我開始朝向這方向去收集材料，先從較容易的諸神誕辰千秋表寫作，我的寫作不僅僅只是介紹諸神來歷、神蹟，而更是要詮釋諸神生日為何是哪一日而不是另一日？何以春耕之前會有3月23日瘋媽祖？為何夏季瘟神王爺誕辰特別多？冬季諸神誕辰特別少？觀音菩薩、媽祖與別的神明不同，為何特別有二到三個祭典日子？這一切的一切，我嘗試著從生民農耕社會角度來思維、來解答。

但事與願違，連載了兩年多，換了新主編，我這專欄無疾而終，也沒打個招呼，更甭提解釋了，我構思的《走進農民曆》一書，無疾而終，只好湊一湊成為《台灣民俗與信仰》，有機會我會完成它的。

末了，依我個人出書慣例，這本小書敬獻給本校（佛光大學）陳進傳教授，恭賀他榮退紀念。另外，更要感謝兩位好友張家麟、闞正宗教授百忙中賜序，為這本小書增光采。